나이에 따른 법적 권리와 의무

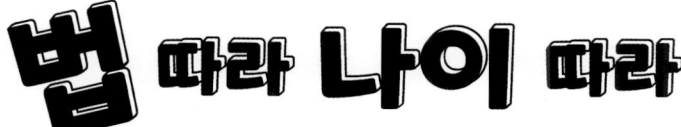

나이에 따른 법적 권리와 의무

이순혁 글 | 송진욱 그림

작가의 말

'법 없이도 살 사람이야.'

너무 착해서 남에게 해 끼치는 일을 할 리 없는 사람을 두고 흔히 하는 말입니다. 강제로 꼭 지켜야 하는 법이 없더라도 아무런 문제를 일으키지 않을 사람이란 얘기죠. 하지만 복잡다단한 현대사회에서 법이 없는 인간세계는 상상할 수 없습니다. 개인이 아무리 착하고 선한 의지를 가지고 있다 해도 복잡한 세계가 돌아가는 규칙, 원칙은 있어야 하기 때문입니다.

사람이 사람답게 살기 위해 인간세계의 규칙, 원칙인 법이 꼭 필요합니다. 예를 들어 누군가를 때리거나 누군가의 물건을 훔치면 법에 따라 처벌받습니다. 사람은 부당하게 맞아서도 안 되고, 자신의 소유물을 부당하게 빼앗겨서도 안 된다는 얘기입니다. 그래서 폭행죄나 절도죄를 저지를 경우 처벌하도록 법에 정해 놓은 것이죠. 결국 법이란 게 왜 있는지 따져 올라가다 보면 사람의 권리와 의무에 맞닿게 됩니다. 구성원 모두가 사람답게 살 수 있도록, 구성원 모두가 공평하게 가지는 권리와 의무를 정해 둔 것이죠. 서로 때려서도 안 되고, 서로의 물건을 훔쳐서도 안 된다고 말이죠. 그게 현대 민주사회 법의 정신입니다.

이 책에서는 그런 법에서 정해 놓은 사람의 권리와 의무를 나이 연대기 순으로 따져 봤습니다. 교육·노동·국방·사법·정치·가족·교통 등 각 분야, 각종 법에서 정해 둔 나이 조항들을 모아 본 것이죠.

　사람은 살아 있는 동안 법적 권리와 의무의 주체가 될 수 있습니다. 그리고 나이가 들어 가면서 행사할 수 있는 권리와 의무가 늘어 갑니다. 신체적·정신적으로 성숙해지면서 그만큼 더 많은 권한과 그에 따르는 책임(의무)이 주어지는 것이죠. 특히 나이에 따른 법적 권리와 의무는 10대 후반 청소년기에 크게 늘어납니다.

　모쪼록 여기에 정리된 나이에 따른 권리와 의무들을 잘 살펴, 건강하고 바른 사회의 일원으로 커 나갈 수 있기를 바라 봅니다.

　한 가지 당부하고 싶은 것은, 여기서 소개한 내용을 일방적으로 받아들일 필요는 없다는 점입니다. 세상이 발전하고 사람들의 인식이나 생각의 수준이 변하면 법도 이에 따라 바뀌는 것이기 때문입니다. 법에 정해 놓은 나이 규정도 사람들이 생각하기에 따라 얼마든지 변할 수 있다는 얘기입니다. 법이란 게 무섭고 어려워 보일 수도 있겠지만 그럴수록 주체적이고 창의적으로 생각하고 접근해 보려는 시도가 필요합니다. 법도 어디까지나 사람이 필요해서 만든 것일 뿐이니까요.

2023년 1월,

이순영

차례

작가의 말 4

1부 0살부터 14살까지

0살(+태아) 엄마 배 속에서 시작되는 나의 권리 10
2살(+6살) 비행기에서 별도 좌석에 앉아야 해요 14
3살 무상교육을 받을 수 있어요 18
7살 이제부터 학교에 가야 합니다 22
9살 아직 어리지만 지금부터 청소년이에요 26
14살 나쁜 짓을 하면 감옥에 갈 수 있어요 30

2부 15살부터 19살까지

15살 아르바이트를 할 수 있어요 40
16살 내 생각대로 할 수 있는 일이 점점 많아져요 44
17살 곧 어른이 될 거예요 54
18살 여러 가지 권리가 한꺼번에 생겨요 60
19살 어른이 돼요 72

3부 20살 이후

20살 국민참여재판에 참여할 수 있어요	78
40살 대통령이 될 수도 있어요	84
60살 이제는 '젊은 노인'이라 불러요	88
65살 공식적으로 노인 대우를 받아요	92
70살 보호받지만 포기해야 하는 일도 있어요	96

4부 법의 구조와 법조항 원문

우리나라 법의 구조	100
법조항 원문	102

0살부터 14살까지

 # 엄마 배 속에서 시작되는 나의 권리

민법

> 태아도 엄연한 사람입니다.

사람은 살아 있는 동안
각종 권리와 의무를 갖게 됩니다.

사람이라면 누구나 태어나면서부터 사람답게 살고 행복을 추구할 권리가 있습니다. 이런 기본적인 권리를 보호받기 위해 살아 있는 동안 다양한 법적 권리와 의무를 가지지요. 이미 죽은 사람이나 나무 같은 물건은 권리와 의무를 가질 수 없습니다. 이렇게 살아 있는 사람이 권리와 의무의 주체가 될 수 있는 능력을 '권리능력'이라고 합니다. 이는 사람이 태어나면서 생기고 죽으면서 사라집니다.

그런데 아직 태어나지 않은 태아에게도 권리능력을 인정해 주는 경우가 있습니다. 예를 들어 엄마가 임신 중 직장에서 유독 물질에 노출되어 장애를 가진 아이가 태어났다고 가정해 봅시다. 이런 경우 우리 법에 따르면 태아는 불법 행위를 한 회사로부터 손해 배상을 받을 권리가 있습니다. 아직 태어나지 않았지만 권리능력을 인정받는 것입니다. 또한 태아도 상속받을 수 있는 권리능력이 있습니다. 태아가 엄마 배 속에 있을 때 아빠가 죽어 그 재산을 이미 태어난 다른 형제들은 상속받는데, 아직 태어나지 않았다는 이유로 받지 못하면 불합리하기 때문입니다.

동물은 물건일까요? 아닐까요?

요즘은 한 집 건너 한 집 꼴로 개나 고양이 등을 키웁니다. 과거엔 '좋아하여 가까이 두고 귀여워하거나 즐긴다'는 의미로 '애완'이란 단어를 써 '애완동물'이라고 불렀지만 요즘은 반려견, 반려묘라고 부르죠. 귀여워하고 좋아하는 대상을 뛰어넘어 '삶의 동반자'라는 의미입니다.

그런데 주인이 죽은 뒤 자기 재산을 반려견에게 물려주고 싶다면 어떻게 해야 될까요? 동물은 '상속받는다'는 법적인 행위의 주체가 될 수 없습니다. 권리능력이 없기 때문입니다. 다만 제3자에게 돈을 맡기고 '내 개를 위해 써 달라'고 할 수는 있습니다. 이를 '신탁'이라고 합니다. 신탁계약을 하면 제3자는 주인이 맡긴 재산을 개를 위해 사용할 법적 의무를 지게 됩니다.

여기서 생각해 볼 문제는 동물의 법적 지위입니다. 우리 법에서는 돌멩이 같은 무생물과 마찬가지로 동·식물에게는 권리능력을 주지 않습니다.

하지만 살아 숨 쉬는 생명체인 동물은 사람처럼 희로애락 같은 감정을 가질 수도 있습니다. 또 사람과 깊이 교감하며 누군가에게는 사람 이상으로 친밀한 대상일 수도 있지요. 사람과 다르지만 나무나 돌멩이 같은 물건과는 더더욱 다릅니다. 이에 '동물도 생명체로서 보호하고 존중해야 한다'는 공감대가 퍼지고 있고, 과거와 달리 동물을 학대하는 것은 범죄로 여기며 무거운 처벌을 받을 수 있습니다.

　동물에 관한 이런 인식 변화를 반영해 법무부는 2021년 법을 개정해 '동물은 물건이 아니다'라는 조항을 추가하겠다고 밝혔습니다. 또 2022년 11월 농림축산식품부는 '동물보호법'을 '동물복지법'으로 다시 구성하겠다고 했고요. 동물에 대한 단순한 보호에서 한 단계 더 나아가 '복지'를 제공한다는 의미입니다.

　이에 반려동물을 입양할 때는 미리 교육을 받도록 하고, 동물등록제(반려동물을 키우는 사람이 자신의 반려동물을 시, 군 등에 등록하도록 한 제도)를 도입하는 등 반려동물을 키우는 반려인의 돌봄 의무를 강화하는 계획을 내놨습니다. 비슷한 시기 환경부도 동물원이 아닌 곳에서 야생 동물 전시나 동물 쇼 등을 금지해 나가겠다고 밝혔습니다.

　얼마 전까지만 해도 법적으로 물건과 같았던 동물을 이제는 '사람과 물건의 중간에 있는 별개의 존재'로 보려는 추세가 강해지고 있습니다.

비행기에서 별도 좌석에 앉아야 해요

항공법
시행규칙

비행기표 사서 한 자리 차지해요.

2살이 넘으면 엄마 품에 안겨 비행기를 탈 수 없어요. 안전벨트가 있는 별도 의자에 앉아야 해요.

2살 미만, 즉 24개월 미만 영유아는 좌석 없이 부모님 품에 안긴 채 비행기를 탈 수 있습니다. 이럴 때 비행기 값을 받을지 안 받을지 아니면 할인을 해 줄지는 항공사들이 알아서 결정합니다. 국내에서 탈 수 있는 항공사 대부분은 2살 미만 아이를 부모가 안고 탈 때 아이 요금은 별도로 받지 않습니다. 그래서 '2살 미만은 비행기 값 무료'라는 생각이 널리 퍼져 있습니다. 그런 이유로 '아이가 두 돌 되기 전에 다녀오자'며 해외여행을 계획하는 경우도 꽤 있습니다.

하지만 실제 이와 관련된 법 조항은 비용에 관한 것이 아니라 안전에 관한 규정입니다. 비행기에 탑승한 2살 이상의 모든 사람은 안전을 이유로 안전벨트가 있는 별도의 좌석에 앉아야 한다는 것입니다.

여객 자동차법

버스도 기차도 모두 무료예요.

6살 미만 어린이는 고속버스, 시외버스, 시내버스를 탈 때 요금을 내지 않습니다.

그럼 버스나 기차 같은 대중교통을 탈 때는 어떨까요?

우선 고속버스, 시외버스를 탈 때는 어른 1명에 6살 미만 아이 1명까지는 요금을 내지 않고 탈 수 있습니다. 가까운 거리를 이동하는 시내버스의 경우는 지역마다 약간씩 다른데, 어른 1명에 6살 미만 아이 3명까지 요금을 받지 않는 경우가 많습니다.

어른 1명 요금만 내면 아이 3명까지 그냥 태운다니, 아주 후한 것 같지 않나요? 사실 시내버스도 어른 1명당 아이 1명까지만 무임승차가 가능했던 게 2000년대 중반 3명까지 늘어났어요. 저출생이 심각한 사회 문제로 떠오르면서 '아이 낳아 키우기 좋은 사회'를 만드는 게 국가적인 숙제가 되었습니다. 그리하여 아이들을 동반하는 승객들에게 조금이라도 혜택을 더 주기 위해서 요금을 내지 않아도 되는 무임승차 대상을 늘린 것입니다. 비슷한 시기, 지하철도 무임승차 대상을 어른 1명당 아이 2명에서 3명으로 늘렸습니다.

　기차는 어떨까요? 무임승차 대상 나이와 인원수가 여러 차례 바뀌었는데, 현재는 어른과 함께 타는 6살 미만 1명은 무료로 이용할 수 있습니다.

　아주 옛날에는 태어나 자란 곳에서 멀리 이동하지 않고 평생을 사는 경우가 많았습니다. 하지만 현대사회에서는 교통수단을 이용해 어딘가로 이동하는 게 누구에게나 당연한 일이 됐습니다. 그래서 이제는 모든 국민이 자유롭고 편리하게 이동할 수 있도록 국가가 어느 정도 보장해 주는 추세입니다.

　장애인이나 노약자, 어린이 등에게는 교통비를 할인해 주거나 무료로 이용할 수 있게 해 주는 것도 이런 이유 때문입니다. 또 버스와 지하철, 기차 등 대중교통은 공공서비스인 만큼 요금도 마음대로 올릴 수 없도록 제한하고 있습니다. 많은 이들이 보편적인 이동수단을 자유롭고 편리하게 이용할 수 있게 하는 조치들입니다.

3살 무상교육을 받을 수 있어요

유아교육법

부모의 교육비 부담이 줄었어요.

초등학교 입학 전 3년 유아교육은 국가가 책임집니다.

3살이 되면 무상교육(돈을 내지 않고 받는 교육)을 받을 수 있습니다. 정부가 어린이집이나 유치원에 다니는 비용을 지원해 줍니다.

사실 예전에는 '교육은 각자 알아서 하는 것'이란 인식이 강했습니다. 그러던 게 2000년대 들어 저출생이 심각한 사회 문제로 떠오르면서 무상교육에 관한 논의가 활발하게 진행됐습니다. 아이를 낳아 키우는 데 드는 비용(양육비)을 덜어 주자는 취지였습니다. 그래서 유치원 과정의 경우 5살부터 1년 무상교육이 먼저 시작되었고, 그 뒤 3살~5살로 3년까지 확대됐습니다. 어린이집(무상보육)의 경우도 지원이 차츰 확대돼 현재는 0살부터 5살까지 무상으로 다닐 수 있습니다.

정부는 이외에도 2023년부터는 0~1살 아이가 있는 부모에게 매달 일정한 비용을 지급하는 '부모급여'를 새로 만드는 등 여러 정책을 도입했습니다. 하지만 저출생은 여전히 우리 사회의 가장 큰 문제로 남아 있습니다.

무상교육이 제대로 자리잡기까지 70여 년!

"모든 국민은 균등하게 교육을 받을 권리가 있다. 적어도 초등교육은 의무적이며 무상으로 한다."

1948년 제정된 우리나라 첫 헌법(제헌헌법 제16조)의 한 대목입니다. 나라 운영, 국민의 기본 권리와 의무, 영토 범위 등이 담긴 헌법은 법 중에서도 가장 높은 법입니다. 그런 헌법에서 초등교육은 '의무'이며 '무상'으로 한다고 선언했다는 것은, 기본적인 교육 기회를 제공하는 게 국가적으로 매우 중요하다는 의미이죠. 초등교육이 의무라는 것은 대한민국 국민이라면 누구나 의무적으로 받아야 하는 교육과정이란 뜻입니다. 또 무상이란 것은 교육비를 내지 않고 받을 수 있다는 것이고요.

하지만 얼마 안 돼 한국전쟁으로 온 국토가 황폐해지고 북한과 대치하기 시작하면서 국가 재정을 국방과 경제 재건 등에 쏟아야 했습니다. 그 결과 무상교육은 그저 법전에 글귀로만 존재하고 학부모들은 '월사금'이라는 이름의 수업료를 내야만 아이들을 초등학교(당시에는 국민학교)에 보낼 수 있었습니다.

그 뒤 '의무교육 완성 6개년 계획'이라는 이름 아래 1954년부터 6년에 걸쳐 초등학교 의무교육이 정착되었습니다. 이어 30년 뒤 1985년 '중학교 의무교육 실시에 관한 규정'이 만들어지면서 순차적으로 중학교 의무교육이 시작됐습니다. 현재 우리나라에서는 초등교육과 중등교육이 의무교육입니다.

고등학교는 아직 의무교육은 아니지만 무상교육입니다. 고등학교 무상교육은 2019년 2학기에 고3을 대상으로 먼저 시행됐고, 2021년 전국 모든 고등학생으로 확대됐습니다. 당시 정부는 고등학교 진학률이 99.7퍼센트에 이르고, 선진국들의 모임인 OECD 경제개발협력기구 36개국 중 우리나라만 고등학교 무상교육을 실시하지 않는 상황이라고 밝혔습니다. 그러면서 고등학교 무상교육 도입이 시급하다고 했죠.

그런 지난한 과정을 거쳐 '적어도 초등교육'은 무상으로 한다고 선언한 이래 73년 만에 초·중·고 무상교육이 완성됐습니다.

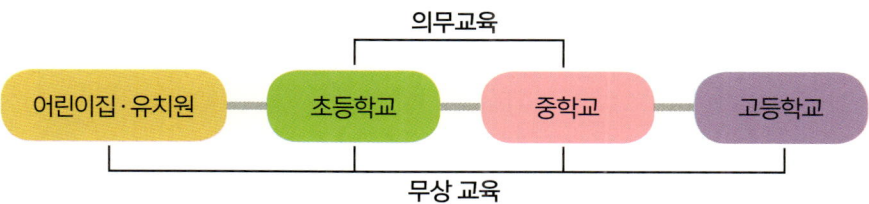

7살 이제부터 학교에 가야 합니다

초중등교육법

드디어 학교에 가게 된 거예요!

부모는 아이가 7살이 되면 학교에 보내야 합니다.

초등학교와 중학교 과정은 국가가 모든 국민에게 제공하는 의무교육이자 무상교육입니다. 대개 아이가 7살이 되는 해에 초등학교에 입학시키는데, 이는 부모의 의무사항입니다. 어기면 과태료를 내야 합니다.

옛날엔 신분이나 능력에 따라 소수의 사람들만 교육받을 기회가 있었습니다. 하지만 지금은 모든 국민이 교육받을 권리가 있죠. 현대사회에서 교육의 중요성은 아무리 강조해도 과하지 않습니다. 어린시절 교육이 평생을 좌우할 수 있기 때문입니다. 많이 배우지 못하면 좋은 직장을 구하기 어렵고, 좋은 직장을 구하지 못하면 경제적·사회적으로 어렵게 살 확률이 높아집니다. 또 그런 가정에서 태어난 아이는 제대로 된 교육을 받을 가능성이 적어지죠. 빈곤이 반복됩니다.

의무교육, 무상교육은 사회 전체적으로도 좋은 일입니다. 형편은 어렵지만 재능이 있는 아이들이 제대로 된 교육을 받고, 커서 제 몫을 하면 공동체 발전에도 이바지할 수 있기 때문입니다.

아동복지법 시행규칙

공동생활에서는 지켜야 할 게 많아요.

7살 이상의 어린이들이 함께 생활할 때는 남녀가 한 방을 쓸 수 없습니다.

남녀칠세부동석(男女七歲不同席)이란 말을 들어 본 적 있나요? '7살이 되면 남녀가 자리를 같이하지 않는다'는 뜻으로, 사리분별할 수 있는 나이가 되면 남녀는 내외(구별)해야 한다는 의미입니다. 유교적 가르침으로, 여러분 엄마 아빠나 할아버지 할머니 세대에 많이 쓰던 표현입니다.

그런데 지금의 법 규정 가운데에도 이에 딱 맞는 게 있습니다. 어린이집이나 보육원, 지역아동센터, 아동보호치료센터, 아동보호전문기관, 야영장 같은 아동복지시설 등에서는 7살부터 남녀가 같은 방을 쓸 수 없다는 내용입니다.

사실 한집에 사는 남매끼리도 초등학교에 입학하는 7살 정도가 되면 방을 따로 쓰는 경우가 많습니다. 그러니 많은 어린이가 함께 생활하는 아동복지시설 등에서 남녀가 방을 따로 쓰는 것은 더욱이 꼭 필요한 일입니다.

요즘 친구들은 '남자는 이래야 한다'거나 '여자는 이래서는 안 된다'라는 말을 거의 듣지 않고 자랐을 거예요. 혹여 누가 저런 말을 했다간 된통 핀잔을 듣겠지요. 사람은 개개인의 개성과 특성이 다를 뿐인데, 남자

성별이 다르다?
차별 아닌 구별일 뿐!

와 여자로 나누어 그 틀에 꿰맞추려고 하는 건 잘못이니까요.

그런데 여러분 엄마 아빠 세대까지만 해도 한국사회에서는 남녀 사이를 구별하고 차별하는 문화가 남아 있었습니다. 아들을 선호하고 남자를 우대해 주는 사회적 분위기가 강했거든요. 당시 남녀칠세부동석이 그런 '차별'을 담은 말이었다면, 현재 남녀칠세부동석은 단지 '구분'을 뜻합니다. 성별은 단지 구별될 뿐 차별의 이유가 되지는 않습니다.

9살 아직 어리지만 지금부터 청소년이에요

청소년기본법

키도 훌쩍, 마음도 훌쩍 자랐어요.

9~24살이면 청소년입니다.

보통 9살이면 초등학교 3학년인데, 이때부터 청소년이라니 생각보다 이르지요? 청소년은 성인인 청년(靑年)과 아직 어린이인 소년(少年)을 더한 말로, 청년과 소년 사이, 즉 어린아이에서 어른이 돼 가는 중간 단계를 가리키는 말입니다. 일상에서는 흔히 청소년기라고 하면 중고등학생 시절, 즉 13~18살 사이를 가리킵니다. 그래서 청소년 관련 책이나 전화번호 등에 1318이 많이 사용되지요. 영어권에서는 13~19살까지 나이에 teen(틴)이 들어가기에 teenager(틴에이저)라고 부릅니다.

하지만 1993년 제정된 청소년기본법에서는 청소년의 정의를 9~24살로 매우 광범위하게 잡았습니다.

차별은 불법이에요.

청소년은 차별받아서는 안 됩니다.

청소년기본법은 사회구성원인 청소년을 정당하게 대우하고 권익을 보장하기 위한 법률입니다. 정당한 대우와 권익은 어디에서 출발할까요? 바로 청소년을 하나의 인격체로 존중하고 차별하지 않는 것에서 시작합니다. 이 법에서 청소년은 인종·종교·성별·나이·학력·신체조건 등에 따른 어떤 종류의 차별도 받지 않는다고 선언하고 있습니다.

그다음은 청소년이 실제 목소리를 내도록 하고, 사회는 각종 의사결정 과정에서 이를 경청하는 것입니다. 특히 중앙정부와 지자체는 청소년 관련 공공정책 등을 만들고 집행하는 과정에 청소년이 쉽게 접근할 수 있도록 해야 합니다. 그 방법 중 하나가 각종 위원회와 협의회를 만들어 청소년과 원활하게 소통할 수 있게 하는 것입니다.

사실 동·서양을 막론하고 100~200년 전만 해도 청소년기란 개념이 없었습니다. 아주 옛날에는 어린이나 청소년이 농사일과 집안일을 돕는 게 당연했죠. 조선시대 평민 집안에서 태어난 아이는 어릴 때부터 노동을 하다가 10대 중·후반에 관례(어른이 된다는 의미의 예식)를 치르거나 결혼하면 바로 어른 대접을 받았습니다. 아이들은 그저 어른의 전 단계, 혹은 예비 노동자로 여겨지다가 일정한 의례를 거쳐 어른으로 직행한

청소년의 목소리에
귀 기울여 주세요.

거죠.

그런데 현대 서구사회에서 아동과는 전혀 다르게 정신적·신체적으로 두드러진 성장과 변화를 겪는 10대 중·후반기, 즉 청소년기의 특성에 관심을 두기 시작했습니다. 청소년기, 즉 사춘기에 겪는 심리적 변화에 주목하게 된 것이죠. 사회가 발전하면서 인간 삶의 단계와 흐름을 좀 더 세심하게 살펴볼 여유가 생긴 겁니다.

우리나라 모든 법률에서 청소년의 기준이 다 똑같은 것은 아닙니다. 19살 미만, 18살 미만 등 법에 따라 조금씩 다릅니다. 다른 나라도 마찬가지입니다. 미국의 경우, 청소년을 '18살이 되지 않은 사람'으로 규정하는데, 실제 적용 나이는 주마다 또 다릅니다. 이런 이유로 국제스포츠대회에서 청소년 경기는 청소년이란 용어 대신 '~살 이하'로 표기합니다. 국제축구연맹(FIFA)의 U-17월드컵(17살 이하 청소년 축구대회), FIFA U-20 월드컵(17살 이상 19살 이하 청소년 축구대회), 국제농구연맹(FIBA)의 대륙별 대회인 U-18, U-16 등이 그렇습니다.

나쁜 짓을 하면 감옥에 갈 수 있어요

형법

다른 사람에게 피해를 주면 안 돼요.

14살 이상의 잘못은 형법에 따라 벌할 수 있습니다.

누구나 범죄를 저지르면 그 죗값을 치러야 합니다. 경찰이나 검찰 수사를 거쳐 재판받고, 유죄가 인정되면 감옥에 가거나 벌금을 내는 형사처벌(범죄를 저지르면 '형사재판'을 통해 받는 법적인 처벌)을 받지요. 과거 신분제 사회에서는 왕이나 귀족이 다른 사람의 재산을 빼앗거나 목숨을 앗아 가도 처벌할 수 없는 경우가 많았습니다. 하지만 현대 민주주의 사회에서는 그렇지 않습니다. 돈이 많거나 지위가 높다고 죄의 대가를 치르는 데 예외가 될 순 없죠.

그런데 14살 미만 어린이나 청소년은 '형사미성년자'라고 해서 범죄를 저질러도 형사처벌할 수 없습니다. 육체적·정신적으로 미숙해 옳고 그름을 정확하게 판단하기 어렵거나 의사결정이 다소 미흡할 수 있는 만큼 자신의 범죄 행위(불법)에 책임질 능력이 없다고 보기 때문이에요. 두세 살짜리 아이가 옆에 있는 컵을 건드려 물을 엎질렀다고 엄마가 혼내지는 않는 것과 같은 이치입니다. 하지만 14살이 되면 상황이 달라집니다. 일반 범죄자와 같이 형사재판을 받고 감옥에 가거나 벌금을 내는 등 형사처벌을 받을 수 있습니다.

소년법

소년부에서 조사해요.

10살 이상~14살 미만의 범죄는 '보호사건'으로 조사합니다.

14살 미만은 형사미성년자로 형사처벌 대상이 아닙니다. 그렇다고 죄를 짓거나 잘못을 저질렀는데 사회에서 아무런 조치도 취하지 않는다면 문제가 있겠죠. 죄를 지어도 10살 미만은 형사책임완전제외자라 아무런 처분도 받지 않지만, 법을 어긴 10살 이상~14살 미만(촉법소년)은 범죄나 비행 사실이 인정되면 형사재판 대신 소년재판을 받게 됩니다.

일반인의 경우 경찰 수사 단계에서 죄가 있다고 인정되면 검찰로 보내졌다가 형사재판을 받습니다. 그런데 촉법소년은 경찰에서 바로 지방법원이나 가정법원의 소년부로 보내져 소년재판을 받습니다. 형사재판에서는 유죄가 인정되면 징역형(일정 기간 교도소에 감금되는 벌) 또는 벌금형(일정 돈을 내는 벌)을 선고받지만, 소년재판에서는 잘못이 인정되면 소년의 성품과 행동을 바르게 하기 위한 보호처분을 받습니다.

보통 14살 이상~19살 미만(범죄소년)은 법을 어기면 성인처럼 경찰에서 검찰을 거쳐 형사재판에 넘겨집니다. 다만 검찰 또는 법원(형사재판부)에서 형사재판보다 소년재판이 합당하다고 판단할 땐 소년부로 사건을 보내기도 합니다.

10살 이상~19살 미만, 즉 촉법소년과 범죄소년 사건이 넘어오는 소년

나이에 따른 범죄 처벌 절차

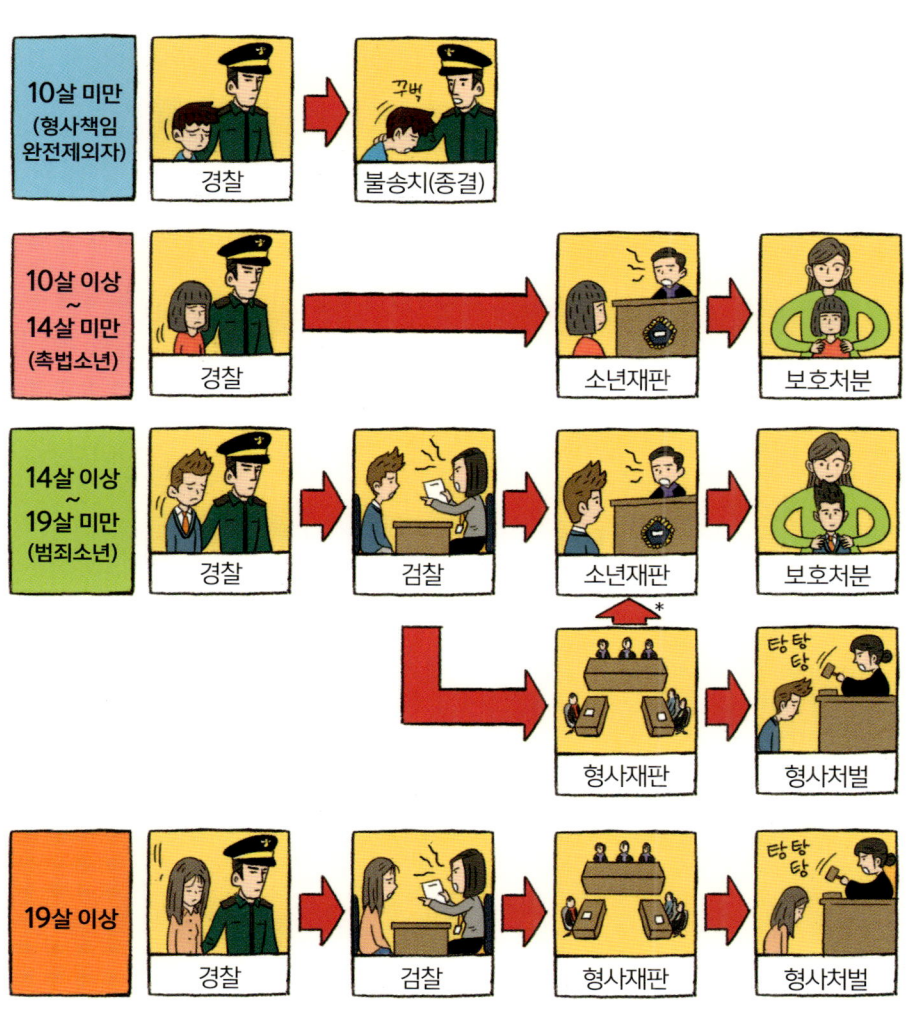

*형사재판에서 소년재판으로 보낼 수도 있음.

처벌하지 않는 게 아니라
반성의 기회를 주는 거예요.

___

부 판사는 소년과 소녀의 가정환경을 조사해 보호자가 있는지, 보호할 형편이 되는지, 소년의 평소 행동이 어땠는지, 학교생활은 잘해 왔는지, 친구 관계는 어땠는지 등을 종합적으로 살핍니다. 소년을 직접 만나 대화를 나누거나 사회복지·아동심리·정신과 의사 등의 상담을 받도록 하기도 합니다. 아직 성장하고 있는 소년의 환경을 바꾸고, 소년의 성품과 행동을 바르게 변화시키기 위한 적절한 조치를 찾기 위해서입니다.

 이때 소년재판에서 내려지는 조치를 보호처분이라고 하는데, 보호자 등에게 감독과 보호를 맡기는 처분, 전문기관에서 교육을 받게 하는 수강명령, 사회봉사명령, 보호관찰관의 장·단기 보호관찰을 받도록 하는 처분, 아동복지시설·병원·요양소·소년원 등에 보내는 처분 등 10가지가 있습니다. 이 가운데 소년원에서 6개월~2년까지 생활하도록 하는 8~10호 처분이 가장 무겁습니다. 소년원에 가면 교도소처럼 자유를 빼앗기고 갇힌 채 생활해야 하지만 전과 기록(이전에 죄를 저질러서 재판을 받고 그에 따른 벌을 받았다는 기록)은 남지 않습니다.

소년재판을 통해 내려지는 보호처분

구분	보호처분의 내용	기간 또는 그 한도	대상 연령
1호	보호자 등에게 감호위탁	6개월(6개월 연장 가능)	10살 이상
2호	수강명령	100시간 이내	12살 이상
3호	사회봉사명령	200시간 이내	14살 이상
4호	보호관찰관의 단기보호관찰	1년	10살 이상
5호	보호관찰관의 장기보호관찰	2년(1년 연장 가능)	10살 이상
6호	아동복지시설, 소년보호시설에 감호위탁	6개월(6개월 연장 가능)	10살 이상
7호	병원, 요양소, 소년의료보호시설에 위탁	6개월(6개월 연장 가능)	10살 이상
8호	1개월 이내 소년원 송치	1개월 이내	10살 이상
9호	단기 소년원 송치	6개월 이내	10살 이상
10호	장기 소년원 송치	2년 이내	12살 이상

# 촉법소년이 일으킨 캣맘 사건

2015년 10월 한 아파트 단지에서 길고양이에게 집을 지어 주던 캣맘(cat+mom)이 하늘에서 떨어진 벽돌에 맞아 숨지는 끔찍한 사건이 일어났습니다. 캣맘을 돕던 청년도 벽돌에 맞아 머리를 크게 다쳤습니다. 이른바 '캣맘 사망 사건'으로 널리 알려지며 큰 논쟁거리가 됐지요.

사건 발생 일주일 만에 '마른하늘에 날벼락'을 떨어뜨린 범인이 경찰에 붙잡혔는데 9살, 11살 초등학생이었습니다. 이들은 경찰 조사에서 장난으로 벽돌을 떨어뜨렸다고 진술했습니다. 일부러 한 행동이 아니더라도 자신의 행동이 누군가에게 피해를 끼쳤으면 책임을 져야 합니다. 하지만 이들은 보통의 범죄자들처럼 재판에 넘겨지지 않았습니다. 앞에서 살펴봤듯이 형사미성년자였기 때문입니다. 11살 아이는 촉법소년이어서 과실치사상(실수로 사람을 죽거나 다치게 한 죄) 혐의로 소년부로 보내졌고, 9살 아이는 형사책임완전제외자여서 아무런 조치 없이 경찰 단계에서 사건이 마무리되었습니다.

어린아이에게 형사책임을 물을 수는 없지만, 피해자가 어린아이의 보호자인 부모를 상대로 민사소송(손해배상청구)을 할 수는 있답니다.

이렇듯 이런 사건사고가 발생하면, 형사미성년 나이를 조정해야 하는 것 아니냐는 여론이 커집니다. 사람의 목숨을 빼앗았는데도 어리다는 이유로 아무런 책임도 묻지 못하는 건 불합리하다는 것이지요. 또 사회가 발전할수록 아이들의 성장이 빠르고 조숙한 경우가 많아 미성년자가 저지르는 범죄가 늘어난다는 주장도 있습니다.

실제 일본, 체코 등 여러 나라에서는 형사미성년자가 일으킨 강력범죄(흉기나 폭력을 이용해 저지른 범죄) 때문에 형사처벌이 가능한 나이를 낮추자는 논의가 이뤄지고 실제 낮아지기도 했습니다.

우리나라에서도 2022년 10월 법무부가 형사미성년자 나이 기준을 13살 미만으로 낮추는 방안을 추진하겠다고 밝혔습니다. 찬성하는 여론도 있지만, 소년범죄가 특별히 늘어나는 추세도 아니며 형사처벌 나이를 낮춘다고 범죄가 예방되는 것도 아니라는 반론도 있습니다. 형사미성년자 나이 기준은 우리 사회의 '뜨거운 감자'입니다.

한국, 일본, 독일 등은 형사미성년자 나이가 14살 미만이고, 프랑스는 13살 미만, 캐나다와 네덜란드는 12살 미만이에요. 호주는 10살 미만이지요.

2부

15살부터 19살까지

15살 아르바이트를 할 수 있어요

근로기준법

15살이 넘었다고 아무 곳에서나 일할 수 있는 건 아니에요.

15살이 되면 근로자가 될 수 있습니다.

근로하는(일하는) 사람, 즉 근로자의 일하는 조건이나 대우 등에 대한 기준을 정해 놓은 법을 근로기준법이라고 합니다. 근로기준법에서는 일할 수 있는 최저 나이 기준을 15살(18살 이하 중학생 포함)로 정해 놓고 있습니다. 15살 미만은 근로자가 될 수 없다는 얘기입니다.

15살 직전인 13~14살은 보통 중학교 1, 2학년입니다. 앞서 얘기한 대로 중학교 과정은 모든 국민이 의무적으로 받아야 하는 의무교육인 만큼 그 연령대는 일해서 돈 벌 때가 아니라 교육을 받아야 하는 때란 얘기입니다. 이런 이유로 15살이 넘은 청소년, 즉 15~18살 청소년이라도 중학교에 다니고 있다면 일할 수 없습니다.

결국 일해서 돈을 벌려면 최소 15살은 넘어야 합니다. 일반 직장은 물론 아르바이트도 마찬가지입니다. 만약 15살 미만을 고용해 일을 시킨다면 무거운 처벌을 받게 됩니다.

다만, 예외는 있습니다. 13살 이상 15살 미만의 경우, 고용노동부 장관이 취직을 허락해 준다는 취직인허증을 받으면 일을 할 수 있습니다. '취직인허증'을 발급받으려면 어떤 곳에서 어떤 일을 하는지, 임금과 노동 시간은 어떻게 되는지 등을 상세하게 적어야 하고 학교장과 부모(친권자)의 동의가 꼭 있어야 합니다. 매우 까다롭죠.

그러면 13살 미만은 어떨까요? 영유아부터 초등학생(13살 미만)까지는 아예 취직인허증을 받을 수 없습니다. 다만 예술·공연 분야만 예외입니다. 드라마나 영화 등에 출연하는 아역배우들은 작품에 출연(노동)하고 그 출연료(대가)를 받을 수 있습니다.

15살 이상이라고 취업이 아주 자유로운 건 아닙니다. 18살이 될 때까지는 꽤 많은 제한을 받습니다. 술을 파는 곳, 도덕적으로 청소년에게 해를 끼칠 수 있는 곳, 소각(불로 태우는 일)이나 도살(생명체를 죽이는 일),

기름 등 위험한 물질을 취급하는 일 등은 할 수 없습니다. 탄광 같은 곳에서도 노동할 수 없죠. 이를 어기면 고용주가 무거운 처벌을 받습니다.

나이에 따라 노동 조건이 무척 상세하고 엄격하게 규정돼 있죠? 이 모든 건 성장기 어린이와 청소년을 보호하기 위해서입니다. 옛날(특히 산업혁명 시기)에는 10살도 안 된 어린이들이 일요일도 없이 하루 12~16시간씩 일하는 등 아동노동이 일반적이었습니다. 어린이가 몸집이 작으니 좁은 공간에서 더 잘 움직일 수 있고, 성인보다 말을 더 잘 들어서 탄광이나 공장에서 위험한 일을 맡기는 경우도 흔했습니다.

그러다가 비인간적인 아동노동 문제에 눈을 뜨는 사람들이 늘어 갔습니다. 또 사회가 발전하면서 아동은 노동자가 아니라 교육과 보호의 대상이라는 인식이 퍼져 나갔습니다. 그 결과 여러 나라에서 아동노동을 금지했고, 이를 어기면 매우 엄격하게 처벌하도록 하고 있습니다.

내 생각대로 할 수 있는 일이 점점 많아져요

16살

민사소송법
형사소송법

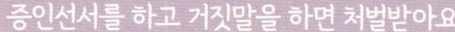

증인선서를 하고 거짓말을 하면 처벌받아요.

16살이 되면 법정에서 증인선서를 할 수 있습니다.

사람 사이에 다툼이 생겼는데 당사자끼리 해결하지 못하는 상황이 벌어질 수 있습니다. 또 누군가 범죄를 저질러 피해자가 생겼다면 죄 지은 사람은 그에 합당한 벌을 받아야 합니다. 이럴 때 우리 사회는 재판을 열어 갈등을 해결하고, 옳고 그름을 가리게 됩니다. 범죄에 따른 죄를 묻기도 하고요. 그런데 재판을 하는 과정에서 양쪽이 서로 반대되는 주장을 하는데 누구 말이 옳은지 판단할 객관적인 증거가 없다면 어떻게 해야 할까요? 이럴 때 증인의 역할이 중요합니다.

증인(민희) : 저는 사실만을 말할 것을 선서합니다.
판사 : 증인은 광수가 상수에게서 돈을 빌려 가는 것을 봤습니까?
증인(민희) : 네. 광수가 상수에게 다음 달까지 갚겠다며 돈을 빌리는 것을 봤습니다.

거짓으로 증언하면
다른 사람의 인생을 망칠 수 있어요.

광수와 상수 사이에 다툼이 일어났습니다. 상수는 광수에게 돈을 빌려줬다고 하는데, 광수는 돈을 빌린 적이 없다고 맞섰습니다. 상수는 민희를 증인으로 신청했습니다. 민희는 법정에 나와서 증인선서를 하고, 상수 말대로 광수가 돈을 빌려 갔다고 증언했습니다. 판사는 이를 토대로 광수에게 언제까지 돈을 갚으라고 판결합니다.

증인인 민희의 증언이 재판에 결정적인 영향을 끼쳤습니다. 이렇듯 증언은 재판에서 시비를 가리는 데 중요한 구실을 합니다. 그래서 증인은 증언에 앞서 선서를 합니다. 자기 말에 책임을 지겠다고 공개적으로 약속하는 겁니다. 이 증인선서는 16살 이상부터 할 수 있습니다.

하지만 증인도 사람인지라 오해나 착오가 있을 수 있습니다. 따라서 증언이 사실인지 증인에게 따져 물을 수 있고, 재판장도 궁금한 내용을 증인에게

양심에 따라 숨김과 보탬이 없이 사실 그대로 말하고 만일 거짓말이 있으면 위증의 벌을 받기로 맹세합니다.

16살 미만도 증인이 될 수는 있어요.

묻습니다. 만약 증인이 거짓으로 증언한 게 드러나면 위증(거짓으로 증언을 하는 것) 혐의로 벌을 받게 됩니다. 특히 형사사건에서 모해(꾀를 써서 남을 해침)할 목적으로 위증한 경우엔 아주 무거운 처벌을 받습니다.

그런데 16살 미만(보통 중학생까지)은 증언대에 서더라도 선서하지 않습니다. 위증으로 처벌하려면 '선서를 한 증인'이어야 하는 만큼, 16살 미만은 위증을 했더라도 처벌받지 않습니다. 위증에 따른 엄중한 책임을 묻기 위해서는 어느 정도 이상 나이가 돼야 한다는 의미입니다. 결국 16살 미만은 '선서미성년자'인 셈입니다.

그렇다고 16살 미만은 증인이 될 수 없다는 의미는 아닙니다. 위증한다고 해서 처벌받지 않을 뿐 16살 미만도 증인이 될 수 있고, 그 증언을 증거로 쓸 수도 있습니다. 다만, 그 증언이 사실인지는 판사가 종합적으로 판단하게 됩니다.

장기이식법

대신, 부모의 동의를 받아야 해요.

16살부터는 장기를 기증할 수 있습니다.

　장기기증이란 간, 신장, 심장 같은 몸속 장기들을 필요한 사람에게 떼어 주는 것을 말합니다. 장기기증은 보통 세상을 떠나면서 이뤄지는데, 살아 있을 때 기증하는 '생존 시 장기기증'도 있습니다.

　장기기증과 장기이식은 의료기술이 발달한 비교적 최근에 가능해진 일입니다. 과거엔 특정 장기가 망가지면 숨지는 경우가 대부분이었지만, 이젠 누군가로부터 새 장기를 이식받으면 다시 건강한 삶을 살 수 있습니다. 하지만 장기기증을 하는 사람보다 받고 싶은 사람이 훨씬 많죠.

　자기 신체의 일부분을 떼어 남에게 주는 장기기증은 아무나 할 수 있는 게 아닙니다. 살아서건 죽어서건 내 몸의 일부를 남에게 주겠다는 것은 엄청난 결단입니다. 장기기증은 누구나 할 수 있는 것도 아닙니다. 건강한 장기를 가지고 있어야 합니다. 또 어린이나 청소년이 장기기증 때문에 성장에 방해를 받거나, 여러 가지 상황을 다 고려하지 못한 채 섣불리 장기기증을 약속해 버리는 일이 생기면 안 되겠지요. 이에 장기기증을 약속하거나 실제 장기이식을 할 때는 나이 제한이 있습니다.

　보통 세상을 떠나면서 이뤄지는 장기기증은 막상 그 상황이 되면 의사표현을 할 수 없거나 그럴 시간이 없을 수도 있습니다. 그래서 그전에

장기기증은
여러 생명을 살릴 수 있어요.

'장기기증이 가능해지는 때에 장기를 기증하겠다'는 희망을 미리 밝혀두는 '장기기증 희망 서류'를 작성하게 됩니다. 16살 미만이라면 장기기증 희망 서류를 접수할 때 법정대리인(법적으로 대리해 줄 수 있는 권리가 있는 사람, 일반적으로 부모)의 동의가 꼭 필요합니다. 하지만 16살이 넘으면 법정대리인이 동의해 주지 않아도 장기기증 희망 서류를 낼 수 있습니다. 기존에는 19살이 넘어야 가능했는데 2017년에 16살 이상으로 연령을 낮췄습니다.

그럼 다른 나라에서는 어떨까요? 본인 의사만으로 장기기증 희망 등록이 가능한 나이는 미국이 13살, 일본이 15살입니다. 호주는 우리와 같은 16살입니다.

생존 시 장기기증의 경우 16살 미만은 골수 등 일부에 한해 본인은 물론 부모의 동의를 받아야만 가능합니다. 그리고 16살 이상~19살 미만 미성년자는 부모 등 일부 친척들에게만 장기를 기증할 수 있는데, 이 경우에도 부모의 동의가 꼭 필요합니다.

정당법

정치, 어렵지 않아요.

16살이 되면 정당에 가입할 수 있습니다.

　나라를 이끌어 가는 지도자를 선거로 뽑는 민주주의 국가에서는 정당이 매우 중요합니다. '정치적으로 같은 뜻을 가진 사람들이 정권을 잡아 나라의 정치(국정)를 운영하기 위해 만든 단체'인 정당은 정치의 주체이기 때문입니다. 대통령이나 국회의원 등은 보통 국민이 투표해서 뽑은 '선출직' 정치인들입니다. 대개는 자신이 속한 정당을 대표해 선거에 나와 투표를 통해 국민의 선택을 받습니다. 실제 정치 뉴스를 보면 더불어민주당, 국민의힘, 정의당 등 정당에 관한 뉴스가 상당 부분을 차지합니다. 정당들끼리 경쟁하고 대화하는 과정에서 각종 법과 정책이 마련되고 시행되기 때문입니다.

　민주주의 사회에서는 누구나 정당을 만들거나 정당에 가입하고 활동할 자유가 있습니다. 다만 나이 규정이 있는데 이전까지는 정당에 입당할 수 있는 나이가 18살 이상이었습니다. 그런데 2022년에 16살 이상으로 확대됐습니다. 단, 16살 이상~18살 미만의 경우엔 법정대리인의 동의서를 받아야 합니다. 결국 부모 허락을 받으면 고등학생 시절부터 정당에 가입하고 정치활동을 할 수 있게 된 것이죠. 이는 청소년의 정치활동을 더 폭넓게 보장하기 위해서입니다.

더 많은 청소년이 정치에 참여할 수 있게 되었어요.

한국에서는 '고교생 정당원'이 어색할 수 있지만 선진국에서는 청소년의 정당 가입과 활동이 자연스러운 일입니다. 법에서 정당 가입 나이를 제한하지 않는 경우가 많고 정당마다 미래를 이끌어 갈 청소년 조직을 별도로 두고 있죠.

사실 고등학생의 정당 활동이 가능해졌다는 게 엄청 눈에 띄는 변화를 가져온 것은 아닙니다. 대부분의 학생은 공부하느라 바쁘니까요. 하지만 민주주의 발전에 있어 정당 가입 나이를 낮춘 것은 큰 의미가 있습니다. 예를 들어 청소년에게 꼭 필요한 법과 정책을 만드는 데 더 많은 청소년이 자기 목소리를 낸다면 훨씬 좋은 방법이 나올 수 있겠죠. 그렇게 해서 사회 각계각층의 요구를 정치와 정책에 고르게 반영할 수 있을 것이고요.

2015년 캐나다 총리가 된 쥐스탱 트뤼도는 44살이었고 2017년 프랑스 대통령에 당선된 에마뉘엘 마크롱은 40살이었죠. 우크라이나의 볼로디미르 젤렌스키 대통령은 2019년 41살에 국가수반으로 선출됐습니다. 이 외에도 메테 프레데릭센 덴마크 총리, 알렉산더르 더크로 벨기에 총리 등도 40대 중반부터 나라를 이끌고 있습니다.

　핀란드 정치인 산나 마린은 21살에 정치를 시작해 의원, 당 부대표, 교통부 장관 등 경력을 쌓은 뒤 2019년, 34살에 총리에 올랐습니다. 2023년 현재 세계에서 가장 젊은 여성 국가수반입니다.

　이처럼 선진국에서는 40살 전후, 이르면 30대 중반에 대통령이나 총리로 선출되는 경우를 심심찮게 볼 수 있습니다. 젊은 정치인들이 이끌어 가는 나라일수록 아무래도 더 역동적이고 도전과 변화에 주저하지 않는 사회일 가능성이 크지요.

　반면에 우리나라에서 2020년에 치러진 21대 총선에서는 20~30대 당선자가 5퍼센트에도 미치지 못했습니다. 당선자 평균 연령은 55살이었죠. 2022년 지방선거 때 20~30대 당선자 비율도 10퍼센트에 미치지 못했습니다. 국민의 대표자를 뽑는 선거에서 이런 세대 간 불균형이 나타난다는 것은 사회 각계각층의 요구를 정치와 정책에 고르게 반영하기

못할 수 있다는 의미입니다.

그래서 정당 가입 연령을 낮춘 일은 한국 민주주의 발전에 있어 결코 작지 않은 의미를 담은 변화라고 할 수 있습니다. 청년들의 정치 참여를 확대할 수 있는 제도 가운데 하나가 마련됐기 때문입니다.

17살 곧 어른이 될 거예요

주민등록법

벌써 어른이 된 것 같아요.

17살이 되면 주민등록증을 발급받습니다.

'개인의 신상 또는 신원 정보를 증명하는 문서'
신분증의 정의입니다. 우리나라에서 신분증은 주민등록증, 운전면허증, 여권 등이 있습니다. 이 가운데서도 가장 기본적인 신분증이 바로 주민등록증인데, 17살에 발급됩니다.

주민등록증을 한번 살펴보겠습니다. 앞면에는 이름(한자 포함)과 주민등록번호, 주소, 사진이 있습니다. 주민등록번호는 앞 6자리와 뒤 7자리로 구성돼 있는데, 앞 6자리는 생년월일입니다. 뒤의 7자리는 성별과 출신 지역이 담겨 있었는데, 출신 지역은 최근에 뺐습니다. 또 주민등록증 뒷면에는 주소 변경 사항과 오른손 엄지 지문이 찍혀 있습니다. 개인 신상과 관련한 주요 정보들이 죄다 들어 있는 셈입니다. 주민등록증에 지나치게 많은 개인정보가 들어 있다는 문제는 계속 제기되었고, 2000년도에 보안을 강화하고 개인정보를 줄이는 방향으로 주민등록증 도안이 바뀌었습니다.

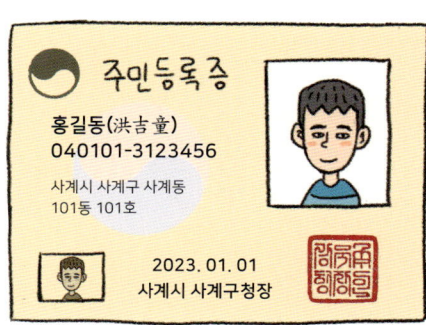
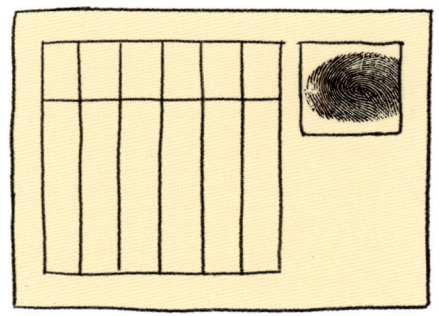

주민등록증의 시작은
남북 대치 때문이에요.

―――――――――――――――――

　　주민등록증을 왜 17살부터 받을 수 있는지, 주민등록증에 왜 그토록 많은 정보가 담겨 있는지 알려면 그 역사를 살펴보아야 합니다.

　　주민등록증 제도가 생긴 건 50여 년 전인 1968년입니다. 남과 북이 지금보다 훨씬 더 팽팽하게 맞서고 있던 시절이었죠. 그해 1월 '김신조 사건'이 벌어집니다. 중무장한 북한군 특수부대원 31명이 박정희 대통령을 암살하겠다며 청와대 뒷산까지 내려와 군인·경찰과 총격전을 벌인 엄청난 사건이었죠. 서울 시내에서 총격전이라니, 온 국민이 엄청난 충격을 받았습니다.

　　이 사건을 계기로 정부는 위급한 상황이 생기면 군 복무를 마친 지 3년이 지나지 않은 사람들까지 다시 무장시키는 향토예비군을 만들었습니다. 또 전 국민에게 주민등록번호를 부여하고 주민등록증을 발급해 기본 신분증으로 삼도록 했습니다.

　　이렇게 유사시에 군인을 모으고, 개인의 신분을 확인하기 위해 만들어진 주민등록증이기에 처음엔 군인이 될 수 있는 최소 나이인 18살에 발급하도록 했습니다. 지금보다 더 구체적인 개인정보와 군 복무에 대한 정보, 군에서의 역할, 특기 등에 관련된 사항까지 모두 적혀 있었죠.

신분증에
너무 많은 개인 정보가 담겨 있어요.

요. 몇 년 뒤에는 18살에서 17살로 한 살 앞당겨졌습니다. 또 주민등록증은 모든 국민이 발급받아야 하는데, 그 과정에서 모든 손가락 지문을 등록해야 합니다. 게다가 제때 발급 신청하지 않으면 과태료를 부과했고요. 결국 군사독재 시절, 전 국민을 상대로 군사를 동원할 수 있는 체제를 세운 흔적이 바로 주민등록증입니다.

외국은 어떨까요? 비민주적인 국가일수록 주민등록증같이 국가가 발행하는 단일 신분증 제도가 일반적입니다. 종교나 민족을 표기하도록 한 국가도 있지요. 이런 경우 신분증이 차별받을 수 있는 단서를 제공할 수도 있습니다. 반면에 민주적인 국가일수록 중앙정부가 아닌 지방정부가 신분증을 발행하고, 개인신상정보를 되도록 담지 않습니다. 또 변경도 자유롭고요.

주민등록번호에는 성별을 비롯하여, 출생 시·도, 읍·면·동까지 출생지 정보 등이 담겨 있었습니다. 주민등록번호가 과도하게 많은 개인정보를 담고 있다는 논란 속에 2020년 10월부터는 출생지 등의 정보는 담지 않도록 바뀌었습니다.

민법

법으로 보호받는 유언이란 뜻이에요.

17살이 되면 유언을 남길 수 있습니다.

자식들: 아버지, 아버지, 힘내세요. 벌써 가시면 어떡해요. (흑흑)
아버지: 아니다. (쿨럭쿨럭) 살 만큼 살았지. 내가 간 뒤에도 화목하게 지내거라. (쿨럭쿨럭) 큰애는 내가 살던 집을 물려받고, 둘째는 농사짓던 논을… 셋째는….

드라마나 영화에서 봄 직한 장면입니다. 죽음을 앞두고 자신이 죽고 나서 원하는 바나 누구에게 무엇을 남길지 등을 '유언'으로 남기는 것이죠. 유언은 큰 병을 앓고 있는 환자나 나이 든 노인이 남기는 게 보통이지만, 법적으로는 17살만 넘으면 누구나 법적으로 효력이 있는(법의 보호를 받는) 유언을 남길 수 있습니다.

그런데 왜 굳이 나이 규정을 둔 걸까요? 자신이 죽은 뒤 뭘 어떻게 할 것인지 정해 두는 유언은 주변 사람들에게 큰 영향을 끼치는 중요한 일입니다. 또 법적으로 효력이 있는 만큼 어느 정도 나이가 돼야 온전히 제 뜻대로 미래를 염두에 둔 결정을 내릴 수 있다고 봤습니다. 우리나라에서 유언을 남길 수 있는 최소 나이를 17살로 규정한 조항은 1950년 민법이 시행될 때부터 지금까지, 60년 이상 유지되고 있습니다.

유언을 남길 수 있는 나이 기준은 나라마다 조금씩 다릅니다. 우리나

법적으로 인정되는 유언을 남기려면
엄격한 요건을 모두 갖춰야 해요.

―――――――――――――――――――――

라와 법체계가 비슷한 일본이 15살, 독일과 프랑스가 16살, 이탈리아가 18살, 미국은 주마다 다르지만 16~18살부터 법적인 효력이 있는 유언을 남길 수 있습니다. 성년이 되기보다 조금 앞섭니다.

  법적인 효력을 가지는 유언을 남기려면 여러 가지 요건을 충족시켜야 합니다. 당사자가 죽은 뒤에는 그 진짜 의도를 확인할 수 없는 만큼 논란이나 분쟁의 여지가 없도록 최대한 엄격한 요건을 만들어 둔 것입니다.

  문서로 남기는 유언은 유언자가 직접 내용을 쓰고, 유언장 작성 연월일과 주소, 성명 등도 스스로 써야 합니다. 날짜나 주소를 실수로라도 빠뜨리면 유언장의 효력이 없어집니다. 이외에 녹음이나 녹화 등을 하는 방법도 있는데 이 경우에도 그 이유와 성명, 연월일, 증인의 확인 등의 내용이 꼭 포함돼 있어야 합니다.

18살 여러 가지 권리가 한꺼번에 생겨요

민법

결혼은 신중하게 결정해야 해요.

18살이 되면 결혼할 수 있습니다.

인류는 오랫동안 서로 사랑하는 두 사람이 결혼해 가정을 꾸리고 아이를 낳으며 세대를 이어 왔습니다.

최소 18살은 돼야 법적으로 인정받는 결혼을 할 수 있습니다. 단 18살은 미성년자인 만큼 부모 동의가 필수입니다. 10대 후반에는 경제적, 사회적으로 독립된 가정을 꾸리기 어려운 만큼 부모의 이해와 협조가 필요하기 때문이죠. 대신 18살이라도 결혼하면 19살 이상과 같은 성인 대우를 받습니다.

1950년 결혼 가능한 나이를 법으로 정할 당시에 여성은 16살 이상이면 부모 허락을 받아 결혼할 수 있도록 했습니다. 그러다가 2007년 양성평등 원칙(남성과 여성을 서로 차별하지 않고 똑같이 대우하는 것)에 따라 남성과 마찬가지로 결혼할 수 있는 나이가 18살 이상으로 변경됐습니다. 하지만 우리 사회 현실은 결혼을 늦추거나 아예 독신(비혼)을 선택하는 경우가 느는 추세입니다.

병역법

모집병에 지원할 수 있단 듯이에요.

18살이면 군대에 갈 수 있습니다.

흔히들 신체 건강하고 정신이 바른 대한민국 남성은 군대에 가야 한다고 합니다. 신성한 국방의 의무를 이행해야 한다는 것이지요. 국방의 의무는 근로, 교육, 납세의 의무와 더불어 헌법에서 규정하는 국민의 4대 의무입니다. 헌법은 '모든 국민에게 국방의 의무가 있다'고 선언하고 있습니다. 그리고 헌법 아래에 있는 법률(병역법)에서는 '국방은 남성에게는 의무이고, 여성은 지원자에 한해 군인이 될 수 있다'고 규정합니다.

군대에 가려면 군대에 갈 수 있는 정신적·육체적 조건을 갖췄는지 파악하는 병역판정검사를 받아야 합니다. 병역판정검사는 보통 19살이 되는 해에 받습니다. 그런데 특정 분야에서 근무하겠다며 '모집병'에 지원하는 경우에는 좀 더 일찍 병역판정검사를 받고 18살부터 갈 수 있습니다.

군대에서 특별한 분야를 정해 모집하는 모집병은 육군의 경우 운전, 정비, 통신 등 기술행정병과 어학, 군악 등 전문특기병 등이 있습니다. 군 생활을 하면서 본인의 특기나 적성을 살리고 경력도 쌓을 수 있어 경쟁률이 높다고 합니다. 친구 등과 함께 입대하는 동반 입대(동반 입대병)를 원하거나 아버지나 할아버지가 근무했던 부대에서 근무(직계가족 록

군인이 되려면
일단 병역판정검사를 받아야 해요.

무부대병)하고자 하는 경우 등도 모집병 응시를 통해 지원해 볼 수 있습니다.

   군대에 가면 평생 겪어 보지 못한 엄격한 규율 속에서 단체생활을 하며 지내야 합니다. 완전히 다른 환경에서 자란 젊은이들끼리 모여 있기에 갈등이 빚어질 수도 있고요. 그래서 '군대에 가면 힘들다', '군대는 가급적 미루고 싶다'고 생각하는 경우도 있습니다. 하지만 요즘은 일과 시간 뒤엔 자유로운 개인생활이 보장되고, 휴대전화 사용도 자유롭다고 합니다. 또 규칙적인 생활 속에서 건강을 챙기고, 공동체 안에서 서로 돕고 헌신하면서 사회구성원으로서 가져야 할 태도를 배울 수도 있습니다.

공직선거법

선거는 민주주의의 기초.

18살 이상의 국민은 선거권이 있습니다.

현대 민주주의의 가장 핵심적인 특징은 선거입니다. 나라를 이끌어 가는 지도자를 국민이 뽑는 것이지요. 국민이 주인으로서 권리를 행사할 수 있는 가장 기본적인 수단이 바로 선거입니다.

선거를 통해 지도자를 뽑더라도 누가 선거권을 갖고 있느냐에 따라 그 체제는 민주주의일 수도 있고 민주주의가 아닐 수도 있습니다. 현대 민주주의의 뿌리로 손꼽히는 고대 그리스의 경우, 남자 시민들에게는 선거권이 있었지만 여자와 노예에게는 없었습니다.

미국이나 영국 같은 선진국도 초기에는 남성 일부에게만 선거권을 줬습니다. 오랜 시간 동안 지난하게 투쟁한 끝에 여성과 유색인종(백인을 제외한 모든 인종) 등도 선거권을 행사할 수 있게 된 것이죠.

그럼 우리나라는 어떨까요? 1945년 광복 뒤 민주주의가 시작된 우리나라는 처음부터 성별 등에 따른 차별이 없었습니다. 국민이면 모두가 1인 1표(보통선거의 원칙)를 행사했죠. 다만 몇 살에게까지 선거권을 주느냐는 꽤 오랜 과정을 통해 변화해 왔습니다. 선거권 나이가 더 낮아져서 더 많은 사람이 선거권을 갖는 방향으로 말입니다.

이 땅에서 치러진 첫 번째 선거는 1946년, 정부를 구성하기 위해 각종

청소년의 선거권으로
세대 갈등을 줄일 수 있어요.

법의 기초를 만들 '과도입법의원' 구성원을 뽑는 선거였습니다. 이때 처음 선거권을 가진 우리나라 국민은 23살 이상이었습니다. 이어 1948년 대한민국 정부가 수립될 때는 21살 이상이, 1960년에 헌법을 개정하면서는 20살 이상이 투표에 참여할 수 있었습니다.

그 뒤 여러 차례 헌법이 바뀌었지만 선거권 나이 규정은 20살 그대로였습니다. 이에 18살이면 군대에도 가고, 일도 하고, 세금도 내고, 운전도 하는데, 국민으로서 주권을 행사하는 선거권만 없다는 것은 비합리적이라며 선거권 나이를 18살로 낮춰야 한다는 주장이 끊이지 않았습니다. 하지만 선거권 나이를 18살로 낮추려는 시도는 번번이 벽에 부딪혔습니다. 그럼에도 뜻있는 이들의 노력과 시도는 계속됐고, 2005년에 19살까지, 2019년에 18살까지로 선거권이 확대됐답니다. 그래서 그 이듬해인 2020년 4월 치러진 총선에서 18살 청년들이 처음으로 선거권을 행사할 수 있었지요.

뒤늦게나마 청소년들 또한 여러 정보를 많이 접하며 성장해 옳은 신념과 냉철한 판단력으로 투표장에서 한 표를 행사할 능력이 충분하다고 인정한 결과였습니다.

선거를 할 수 있는 '선거권'이 생기는 나이가 18살인데, 그럼 선거에 출마해서 어떤 자리에 당선될 수 있는 '피선거권'이 생기는 나이는 어떻게 될까요?

광복 뒤부터 '25살 이상'으로 정해져 있던 국회의원 등의 피선거권 나이 기준은 70년 넘게 변화가 없었습니다. 그러다가 청년들이 좀 더 자유롭고 적극적으로 정치에 참여하도록 보장하기 위해서는 피선거권 나이도 조정해야 한다는 주장이 점점 설득력을 얻어 갔지요. 반장 선거에서 반장을 뽑을 수 있는 투표권을 가진 사람이 정작 반장 선거에 출마할 수는 없다는 것은 문제 아니냐는 논리였습니다. 결국 2022년 1월 국회의원 총선거와 지방선거 때 피선거권을 18살 이상에게 주도록 공직선거법이 바뀌었습니다.

그럼 외국의 경우엔 어떨까요? 선진국들의 모임이라 할 수 있는

OECD에 가입한 36개 나라 가운데 22개 나라에서 18살이면 국회의원 선거에 출마할 수 있는 피선거권을 줍니다(2022년 기준). 10개 나라는 21살에, 4개 나라는 25살에 피선거권을 주고 있는데, 전체적으로 연령 기준을 낮추는 추세입니다. 결국 우리나라도 조금 뒤늦게 세계 표준 대열에 합류한 셈입니다.

참고로 대통령 선거 피선거권 조건은 조금 다릅니다. 그건 뒤에서 살펴보도록 합니다.

공무원 임용시험령

나이가 많은 건 상관없어요.

18살이 되면 공무원 임용 시험을 볼 수 있습니다.

18살이 되기 전에는 부모(친권자, 후견인)의 동의를 받아야 일하고 돈을 벌 수 있지만, 18살이 되면 자기 뜻에 따라 취업할 수 있습니다. 또 국가에 고용돼 일하는 공무원이 될 수도 있습니다.

보통 공무원 직급은 9급에서 1급까지 올라가는데 8, 9급 공무원은 18살부터, 7급 이상은 20살부터 선발 시험에 응시할 수 있습니다. 2024년부터는 7급도 18살 이상이면 응시할 수 있게 됩니다.

다만 일부 예외가 있습니다. 교도소와 구치소 등에 근무하는 교정직(법무부 교정본부 소속)과 보호관찰소나 소년원 등에서 근무하는 보호직(법무부 범죄예방정책국 소속)은 8, 9급이라도 20살이 돼야 응시할 수 있습니다. 범죄자 등을 대해야 하는 업무 특성상 신체적으로 좀 더 성숙한 사람이 필요하기 때문입니다.

그렇다면 여기서 나오는 궁금증 하나. 공무원이 될 수 있는 최고 나이가 18살, 20살이라면 최고 나이 제한 조건은 있을까요, 없을까요?

2000년대 초까지만 해도 32살, 35살 등 분야에 따라 응시할 수 있는 나이 제한이 있었습니다. 하지만 사회가 변하면서 일하는 데 있어 나이 제한은 불합리하다는 의견이 많아졌습니다. 결국 2009년 직급, 분야

나이가 많다고, 또는 적다고
차별하면 안 돼요.

―――――――――――――――――――――

에 상관없이 응시 최고 연령 제한이 모두 없어집니다(단, 경찰·소방 공무원은 40살). '공무원 채용 때 불합리한 나이 차별은 하지 말아야 한다'고 국가인권위원회가 정부에 권고했고 정부가 이를 받아들였기 때문입니다.

혹시 차별금지법이라고 들어봤나요? 우리나라에서는 2007년부터 여러 차례 이 법을 만들려다 실패했습니다. 합리적 이유 없이 성별, 장애, 병력, 나이, 성적 지향, 출신 국가, 출신 민족, 인종, 피부색, 언어 등을 이유로 정치·경제·사회·문화적 모든 생활 영역에서 차별과 혐오 표현을 금지하는 내용이랍니다.

차별하는 기준 가운데 인종이나 성별과 더불어 나이가 있습니다. 어리다고 무시하거나 차별받아서는 안 되지요. 반대로 나이가 많다고 부당한 대우를 받을 이유도 없습니다. 나이가 많더라도 어린 상급자에게 지시받으며 일할 수 있고, 또 나이 어린 상급자는 그런 하급자를 인격적으로 대우하고 존중해 주어 서로 즐겁게 일할 수 있는 사회가 좋은 사회 아닐까요?

수입이 있다면 의무예요.

18살부터 일할 수 있기에 국민연금에 가입해야 합니다.

18살이 되면 자유롭게 일하고 급여를 받을 수 있습니다. 소득이 생기는 만큼 국민연금에 가입할 수 있지요. 연금은 돈을 버는 경제생활을 하는 동안 번 돈(소득)의 일부를 일정 기간 냈다가 퇴직하거나 사망한 뒤 주기적으로 받는(사망하면 유가족이 받음) 급여를 뜻합니다. 퇴직 뒤 소득이 없을 때 월급처럼 연금을 받아 생활하는 것이죠. 그런 이유로 연금제도가 발달한 유럽 등에서는 은퇴자를 '연금생활자'라고도 부릅니다.

우리나라에서 연금제도는 1988년 공적인 일을 하는 특수직역(특별한 직업군)에 먼저 도입됐습니다. 공무원연금, 군인연금, 사학연금(사립학교에서 일하는 교직원을 위한 연금)이 바로 특수직역입니다. 정부 또는 공공기관에서 운영하기 때문에 공적연금(기업이 운영하는 건 기업연금)으로 불리는 연금들입니다. 전 국민을 대상으로 하는 국민연금이 시작되기 전이었죠.

1960~1970년대까지도 매우 가난했던 우리나라는 경제개발에 몰두하느라 복지나 환경 분야에 대한 투자는 우선순위에서 밀렸습니다. 국민들의 노후생활을 보장하는 데에도 별 신경을 쓰지 못했고요. 어느 정도 먹고살 만해진 뒤인 1988년에야 전 국민을 대상으로 하는 국민연금이

연금이 있어야 퇴직한 뒤에도
안심하고 살 수 있어요.

───────────────────────────────

만들어졌습니다. 특수직역연금에 가입되어 있지 않은 사람 가운데 수입이 있는 국민은 모두 국민연금에 의무적으로 가입하도록 했습니다.

수입이 있다면 18살부터 국민연금에 가입할 수 있는데 이는 18살부터 일반적인 근로자가 될 수 있다는 근로기준법에 따른 당연한 조항이죠.

갈수록 연금의 중요성이 더욱 커지고 있습니다. 의료기술의 발달로 인간 평균수명이 길어지고 있으니까요. 정년퇴직한 뒤에도 잘 살기 위해서는 경제적 조건이 뒷받침돼야 하고요.

국민연금은 적립액이 800조 원을 넘는 세계 3대 연기금(연금+기금. 연금제도로 인해 모인 돈으로, 이 돈으로 투자를 하기도 하고 연금을 지급하기도 함)으로 성장했지만, 극심한 저출생고령화에 따라 향후 지출액이 많이 늘어날 수밖에 없습니다. 그래서 연금을 둘러싼 걱정이 많습니다.

19살 어른이 돼요

민법

이제 모든 일을 내가 책임져요.

19살이 되면 성년이 됩니다.

사람이 태어나 살면서 법적 권리와 의무가 가장 크게 변하는 시기를 딱 하나 꼽자면, 바로 성년이 되는 때입니다. 법에서 성년은 '법정대리인의 동의 없이 법률 행위를 행사할 수 있는 나이'를 말합니다. 이제 부모 동의 없이 결혼이나 취직, 각종 계약도 자기 의사에 따라 할 수 있죠. 대신 모든 일에 스스로 법적인 책임을 져야 합니다. 다른 사람에게 피해를 입히면 무거운 처벌을 받는다는 의미도 됩니다.

어떤 장사꾼이 미성년자를 꾀어 터무니없이 비싼 값에 물건을 팔았다면 우리 법은 미성년자의 부모(친권자)가 이를 취소할 수 있게 합니다. 미성년자는 보호 대상이니까요. 하지만 성인은 자신의 결정에 책임을 져야 합니다.

우리나라 성년 기준은 1960년 이래 20살로 유지돼 오다가 2013년부터 19살로 앞당겨졌습니다. 청소년이 신체적·정신적으로 조숙해지고 성년 나이를 낮추는 세계적인 추세에 더해 당시 선거권이 주어지는 나이가 20살 이상에서 19살 이상으로 낮춰지는 등의 변화를 반영한 조치입니다.

> 입대는 국방의 의무예요.

19살이 되면 입대를 위한 병역판정검사를 받습니다.

대한민국 남성은 19살이 되면 병무청으로부터 병역판정검사(흔히 신체검사라고 불림)를 받으라는 통지서를 받습니다. 군대에 갈 만한 신체적·정신적 조건을 갖추고 있는지 검사받으라는 통지입니다.

병무청을 찾아 병역판정검사를 받으면 1~7급 가운데 하나로 결정된 검사 결과를 통지받습니다. 1~3급은 현역병, 4급은 보충역(사회복무요원), 5급은 전시근로역(전쟁이 일어나지 않은 때는 병역 의무를 면제받지만 전쟁이 일어나면 무기를 만드는 공장 등에서 일을 해야 함), 6급은 병역면제, 7급은 다시 검사를 받아야 합니다.

흔히 신성한 국방의 의무라지만 모든 남성이 원한다고 다 군대에 갈 수 있는 것은 아닙니다. 범죄를 저질러 1년 6개월 이상 징역(일정 기간 교도소에 감금되는 벌)을 산 경우가 대표적입니다. 그 외에도 고아나 귀화자, 성전환자(여성→남성) 등이 전시근로역으로 분류됩니다. 사실상 면제지요.

반면에 중졸 이하 학력인 사람은 얼마 전까지 전시근로역으로 편입됐는데 2021년부터는 학력 기준이 폐지돼 초등학교 졸업자나 중학교 졸업자도 병역판정검사 결과에 따라 국방의 의무를 이행해야 합니다.

누구나 군대에 갈 수 있는 건 아니에요.

혼혈인 또한 과거에는 사실상 병역 의무가 면제됐지만 지금은 그렇지 않습니다. 20~30년 전만 해도 교과서에 '우리나라는 단일민족'이라는 내용이 포함돼 있을 만큼 외국인이나 귀화자를 주변에서 보기 어려웠습니다. 하지만 이제는 국제결혼이 늘면서 다문화 가정과 귀화하는 사람이 많아지고 있습니다. 단일민족이란 용어도 점점 쓰지 않죠. 결국 2007년 개정된 병역법에는 인종, 피부 등을 이유로 차별할 수 없다는 내용이 추가됐습니다. 인종과 국적이 다른 이들이 귀화나 결혼을 통해 한국인이 되는 마당에 혼혈이란 이유로 국방의 의무에서 제외하는 것은 합리적이지 않은 일일 테지요.

이렇게 병역판정기준은 시대와 상황, 사회 변화에 따라 바뀌어 왔습니다. 앞으로도 사회가 어떻게 변화하는지에 따라 군 면제 대상이 추가되거나 축소될 수도 있겠죠.

3부

20살 이후

국민참여재판에 참여할 수 있어요

국민참여재판은 세계적인 추세예요.

20살이 되면 배심원이 될 수 있습니다.

사람들이 모여 살아가다 보면 반드시 분쟁이 발생합니다. 개인과 개인이 돈을 둘러싸고 분쟁이 일어날 수도 있고, 어떤 사람의 행동이 범죄인지 아닌지를 판단해야 하는 경우가 생길 수도 있습니다. 만약 범죄라면 어떤 처벌이 적절한지 판단해야 하죠. 혹은 나라에서 개인 땅을 가져가 쓰거나, 국민들에게 세금을 물릴 때 어느 정도가 적당한지, 직장에서 잘못했을 때 어떤 징계가 적절한지, 이혼이나 상속 등 가족 간에 생기는 분쟁은 어떻게 해결해야 할지도 고민거리가 될 수 있습니다. 이런 분쟁을 해결하기 위해 여러 제도나 절차를 두고 있지만 분쟁 당사자들이 합의하거나 조정하지 못하면 결국 재판을 할 수밖에 없습니다.

재판은 판사가 주재(어떤 일의 중심이 되어 맡아 진행하는 것)합니다. 그런데 범죄행위를 처벌하는 형사재판의 경우 법률전문가인 판사뿐 아니라 일반적인 상식을 가진 시민의 눈으로도 유무죄와 양형(벌을 얼마나 내릴 것인지)을 판단해 볼 필요가 있다는 주장이 힘을 얻어 갔습니다. '법정

에서 재판에 참여하는 일반적인 상식을 가진 시민'이 바로 배심원입니다. 그리고 배심원들이 참여하는 재판을 '국민참여재판'이라고 부릅니다.

　실제 선진국들은 무작위로 추첨한 시민들이 배심원으로 재단에 참여해 유무죄를 결정하는 경우가 많습니다. 우리나라에서도 일반 국민이 배심원으로 재판에 참여해 유죄인지 무죄인지 판단하는 국민참여재판 제도가 2008년에 도입되었습니다.

　국민참여재판은 '중대한 사건이라 판사 3명으로 재판부가 꾸려지는 합의부 사건(비교적 가벼운 사건은 판사 1명이 맡는데, 이 경우 '단독 재판'이라고 함)의 경우에만, 또 피고인(범죄를 저질렀다고 여겨져 재판에 넘겨진 사람) 당사자가 원하는 경우에만 진행할 수 있습니다. 사형·무기징역까지 나올 수 있는 사건의 배심원은 9명, 일반적으로는 7명의 배심원이 재판에 참여해 재판의 전 과정을 지켜보고 유죄인지 무죄인지 '평결'합니다. 평결 과정에 재판장은 참여할 수 없습니다. 다수가 유죄 의견을 냈다면,

배심원들은 재판장과 토의해 양형에 관한 의견도 냅니다.

배심원은 20살 이상이어야 할 수 있습니다. 무거운 죄를 판단하는 형사재판에서 누군가의 죄를 판단하고 벌의 정도를 논의하는 중요한 역할인 만큼, 성인이 되고 나서도 사회 경험을 어느 정도 쌓아야 한다고 봤기 때문입니다. 반면 18~19살이면 선거도 하고, 직업도 가질 수 있는데 배심원은 될 수 없다는 것은 문제가 있다는 의견도 있습니다.

판사는 배심원들의 평결을 참고하고 의견을 존중해야 하지만 판단은 다르게 할 수 있습니다. 우리나라 법은 미국 등과 달리 배심원의 평결을 판사가 꼭 따를 필요는 없도록 합니다. 다만 배심원 평결과 반대로 판결할 경우 피고인에게 그 이유를 설명해야 합니다.

결국 국민참여재판에서도 유무죄를 결정하는 건 법률전문가인 판사의 몫입니다. 하지만 이런 방식이 따지고 보면 그리 오래된 것도 아닙니다. 조선시대까지만 해도 재판은 고을 수령의 업무였죠. 서구사회에서도

공정한 재판을 위해 시민들이 재판에
참여하고 있어요.

영주에게 재판하고 처벌할 수 있는 권리가 있었습니다. 요즘으로 치면 시장이나 군수, 도지사 등이 재판장 노릇도 했던 것이죠.

시민에 의한 재판도 있었습니다. 직접 민주주의를 실행했던 그리스가 대표적입니다. 서기 399년 소크라테스에게 독배(사형 선고)를 내린 건 아테네의 시민법정이었습니다. 당시 시민법정에서는 예비 배심원 6천 명 가운데 당일 추첨으로 뽑힌 500명이 재판에서 양쪽 변론을 모두 들어 본 뒤 투표했습니다. 결국 유죄 280표, 무죄 220표가 나와 유죄로 결정됐습니다. 이어 형량을 결정하는 투표에서 사형 360표, 벌금형 140표가 나와 사형이 확정됐지요.

인류 역사는 큰 흐름에서 왕이나 황제에게 모든 권한이 쏠렸던 시대를 지나 국민이 대표자를 뽑는 민주주의로 정치체제도 바뀌어 갔습니다. 사법분야에서도 옛날에는 권력 있는 사람이 재판까지 맡았지만 점차 권력과 재판이 분리되는 방향으로 나아갔습니다. 이제는 권력과 재판이 분리되는 것을 넘어 일반 시민의 눈으로도 죄의 유무와 경중을 따져 보려는 정도까지 왔습니다. 그게 바로 '시민에 의한 재판(배심재판)'입니다.

국민참여재판 배심원이 되는 과정

배심원 선정 절차

① 법원장은 해마다 관할구역에 사는 20살 이상 국민 가운데 일부를 배심원 후보 예정자 명부에 올려 둔다.

② 국민참여재판을 필요로 하는 사건이 발생하면 배심원 후보 예정자 명부에서 무작위로 예비 배심원을 뽑는다.

③ 배심원이 될 수 없는 직업(정무직 공무원, 법조인, 경찰, 군인 등)이거나 범죄자, 혹은 해당 사건과 관련된 사람은 걸러 낸다.

④ 재판부와 검찰, 변호인이 함께 배심원을 결정한다.

⑤ 검찰과 변호인이 예비 배심원들에게 질문을 해 공정한 판단을 할 수 있는 사람인지 평가한다.

⑥ 짜잔, 배심원의 탄생!

40살 대통령이 될 수도 있어요

공직선거법

18살에 후보가 될 수 있는 나라도 있어요.

40살이면 대통령 선거에 출마할 수 있습니다.

2023년 현재 18살이면 국회의원이나 시·도지사 선거에 출마할 수 있지만, 대통령 선거에 출마하려면 40살이 돼야 합니다. 1948년 헌법을 만들 국회(제헌국회)를 구성하기 위해 국회의원을 뽑는 선거에서 국회의원 피선거권은 25살 이상에게, 대통령 피선거권은 40살 이상에게 주었습니다. 그리고 '대통령 후보 40살 이상' 규정은 아직까지 이어지고 있습니다.

당시는 지금보다 훨씬 나이를 따지던 시절이었습니다. 40살은 '세상일에 정신을 빼앗겨 판단을 흐리는 일이 없는 나이'라는 의미에서 불혹(不惑)이라는 별칭으로 불렸습니다. '불혹은 돼야 나라를 이끌어 갈 수 있지 않겠냐'라는 생각이 지배적이던 것 같습니다. 하지만 유럽 등 선진국에서는 30대 국가원수가 등장해 활력 있게 나라를 이끌어 가기도 합니다. 21세기 대한민국에서도 법 개정이 필요하다고 주장하는 목소리가 이어지고 있습니다.

몇 살에 대통령 선거에 나갈 수 있는 게 합리적일까요?

40살이 되면 할 수 있는 일, 할 수 없는 일

　대통령 말고도 40살이 돼야 할 수 있는 직업이 또 있습니다. 바로 헌법재판소 재판관들입니다. 헌법재판관은 어떤 법률이 헌법에 어긋나는지 판단해 없앨 수도 있고, 정당을 해산시킬 수도 있습니다. 또 대통령 등 고위공직자를 파면(자리에서 물러나게 함)할지에 대해 최종 결정을 하는 매우 중요한 역할을 합니다. 신중한 의사결정이 필수인 만큼 엄격한 자격과 나이 기준을 두고 있습니다. 심지어 삼심제(최대 3번의 재판까지 할 수 있도록 한 제도)에서 최종심 재판을 담당하는 대법원의 대법관은 45살 이상이어야 임명될 수 있답니다.

　이와 반대로 40살이 되면 할 수 없는 일도 있습니다. 공무원 공개 채용 때 나이 상한 규정이 대체로 없어졌지만 40살 이상이면 경찰과 소방공무원, 국가정보원(특정직 9급) 직원 채용 때 응시할 수 없습니다.

　한편 군에서는 40살이 넘으면 현역은 물론 보충역(사회복무요원)과 전시근로역 모두 병역의무가 끝납니다. 또 하사(군대 계급 중 하나)의 나이 정년은 40살입니다.

　결국 40살은 일정 수준 이상의 신체 능력이 필수적인 분야의 상한선인 셈입니다.

60살 이제는 '젊은 노인'이라 불러요

우선은 쉰다는 의미예요.

일반 직장인은 60살이 되면 정년퇴직합니다.

60살이 되면 일반적으로 직장에서 정년을 채우고 은퇴합니다. 은퇴한다는 것은 경제생활을 마무리한다는, 즉 돈 버는 일을 멈춘다는 의미입니다. 젊어서 열심히 일했으니 이제 쉴 때가 됐다는 뜻이죠.

과거에는 60살까지 산다는 것 자체가 큰 경사였습니다. 질병과 전쟁 등으로 60살까지 사는 사람이 드물었기 때문입니다. 특히 한국과 중국 등 동아시아권에서는 60번째 맞는 생일은 '환갑'이라고 해 큰 잔치를 벌였습니다. 하지만 환갑잔치는 어느덧 옛날 일이 돼 버렸습니다. 영양상태가 좋아지고 의료기술이 발달하면서 평균수명이 80대로 늘었고 이제 60살을 넘기는 건 흔한 일이 됐지요.

이런 변화 속에서 2013년 일반 기업체 등의 정년을 60살로 연장하는 법안이 국회를 통과했습니다. 그전에는 기업체나 기관별로 각자 사정에 맞춰 56살, 58살 등 다양하게 정년을 만들어 운용했는데, 정년은 60살 이상으로 해야 한다고 강제로 바꾼 것입니다.

60살 넘어 일해도 전혀 어색하지 않아요.

어느 정도 규모가 되는 대다수 기업이나 기관은 60살을 정년으로 정해 운용하고 있어 60살이 일반적인 정년이지만, 60살 이전에 일을 그만두게 되는 경우도 많습니다. 비정규직(계약에 따라 근로 기간이 정해져 있는 임시 근로자)이 대표적입니다.

여기에 높은 연봉을 받아 좋은 직장으로 여겨지는 은행, 보험사, 증권사 등 금융권에서는 사실상 50대 중반에 은퇴하는 게 관례처럼 굳어져 있는 회사들이 많습니다. 정년을 몇 년 앞두고 일반 퇴직금에 명예퇴직금을 얹어 받고 조기퇴직하는 것이지요. 업종에 관계없이 경기가 나빠지거나 회사 형편이 어려워지면 기업들은 40~50대 직원들을 대상으로 명예퇴직 신청을 받기도 합니다.

'근로자의 정년을 60살 이상으로 정하여야 한다'는 말은 60살이 넘으면 일할 수 없다는 의미가 아닙니다. 60살 넘어서 일하는 경우도 많습니다. 계약직 등으로 재취업하거나 새로운 일을 시작하는 경우도 있습니다. 또 수많은 자영업자는 아예 정년이란 게 없죠. 아직 '젊은 노인'인 60대가 계속 일하는 건 전혀 어색하지 않은 세상입니다.

최근 저출생고령화가 빠른 속도로 진행되고 있어서 정년을 또다시 연

정년 연장은 필연?
세대 갈등의 계기?

장해야 한다는 주장이 힘을 얻고 있습니다. 태어나는 이는 적은데 '젊은 노인'은 늘어나니 일할 사람이 부족할 때를 대비해서라도 직장인들이 더 오래 일할 수 있도록 해야 한다는 것이죠.

우리나라보다 앞서 저출생고령화가 진행된 일본에서는 2021년 국가공무원 정년을 60살에서 65살로 연장하는 법안이 통과됐고, 독일은 65살인 정년을 2029년까지 67살로 늘리는 계획을 추진하고 있습니다. 영국은 2006년 고용평등법에서 50살 이상 고령 근로자에 대한 모든 고용상 차별을 금지했습니다. 프랑스 또한 연금 받는 나이를 65살로 높였고 공무원 정년은 67살에 이른다고 합니다.

하지만 기업들은 임금 부담 등을 이유로 정년 연장에 반대하는 분위기가 강합니다. 정년 연장은 한국 사회의 뜨거운 관심사 가운데 하나죠. 노인의 정년이 늘어나면 청년층이 취업할 수 있는 기회가 줄어들 수밖에 없으니까요. 자칫 세대 갈등으로 번질 수도 있습니다. 그래서 나이가 아니라 일을 중심으로 생각하는 문화를 먼저 만들어야 한다는 지적도 많습니다.

공식적으로 노인 대우를 받아요

노인복지법

무료와 할인은 나이를 떠나 모두 환영이죠!

65살이 되면 공공시설을
무료로 이용하거나 할인받을 수 있습니다.

'나이 들어 늙은 사람'
'인생의 최종 단계로 중년 다음에 해당하는 일련의 단계'

인터넷에서 '노인'이라고 검색하면 뜨는 소개입니다. 사람의 삶을 기승전결에 비유하면, 마지막 '결'에 해당하는 시기를 사는 이들입니다. 노화가 시작돼 삶의 폭을 점차 줄여 나가는 시기지요. 법에서는 그런 나이대를 65살 이상으로 정해 두고 있습니다.

65살이 되면 가장 큰 변화가 각종 할인 혜택이 주어진다는 점입니다. 입장료를 내야 하는 고궁이나 박물관, 미술관, 수목원, 휴양림, 공원 등에서 노인은 무료 또는 할인 혜택을 받아 입장할 수 있습니다. 수도요금과 세금을 깎아주고, 지하철을 무료로 탈 수 있으며, KTX 등 열차도 30퍼센트 할인된 가격으로 이용할 수 있습니다.

이른바 경로우대 조항입니다. 경로(敬老)란 '노인을 공경한다', 우대(優待)란 '특별히 잘 대우한다'는 뜻입니다. 노인을 공경해 특별히 잘 대우하

노인을 공경해
특별히 잘 대우해요.

자는 조항인 셈입니다. 젊은 시절 열심히 살면서 공동체에 이바지한 은 노인들에게 그간 노고를 격려하고 보답한다는 공동체 차원의 작은 성의 표시일지 모릅니다. 또한 노인이 약자인 만큼 사회적 약자를 도움을 안고 배려해야 한다는 사회복지 차원의 접근일 수도 있겠고요.

문제는 노령 인구가 급속히 늘고 있다는 것입니다. 노인들에게 할인 혜택을 주는 유료서비스 비용은 사실상 성인 또는 납세자(세금을 내는 사람)들이 부담합니다. 전국 지하철은 노인 무임승차 제도로 매년 수천 억 원씩 적자가 쌓이고 있습니다. 은퇴 뒤 지급되는 국민연금과 공무원 연금, 사학연금 지급 시기도 60살에서 65살로 단계적으로 늦추는 것도 같은 맥락에서입니다.

요즘 60대는 과거 50대보다도 육체적·정신적으로 젊은 경우가 많습니다. 이에 따라 40여 년 전인 1981년에 만든 노인복지법에서 65살 이상이라고 정한 노인 기준 나이를 이제는 높여야 한다는 목소리도 나옵니다.

2022년 1월 조계종은 전국 사찰 입장료(문화재 관람료)를 무료로 해주는 노인 기준을 65살에서 70살로 높였습니다. 무료인 줄 알고 사찰을 찾았다가 입장료를 내야 했던 60대 후반 입장객은 당혹스러웠겠죠.

노인 기준 나이가
더 올라갈 거예요.

이런 광경은 우리 사회 전체가 언젠가 한 번쯤 겪어야 할 큰 진통의 예고편일지도 모릅니다. 세상이 변하면 그에 맞춰 제도도 손보는 게 맞습니다. 한국 사회는 노인은 느는데 태어나는 아이들은 줄어드는, 지금까지 겪어 보지 못한 변화에 맞닥뜨린 상황입니다. 노인에 대한 사회적 예우를 유지하면서도 지속가능한 사회를 어떻게 꾸려 나가야 할지 모두 함께 새로운 접근을 고민할 때입니다.

70살 보호받지만 포기해야 하는 일도 있어요

법정에서는 변호인의 도움이 꼭 필요해요.

70살 이상이 법정에 설 때 나라에서 변호인을 선임해 줍니다.

70살이 넘으면 노인으로 추가적인 보호와 혜택을 받습니다. 수사기관에서 죄를 저질렀다고 판단해 재판에 넘겨졌을 경우, 국가가 변호인을 선임해 주는 게 대표적입니다.

형사재판에서는 국가를 대표하는 검사와 개인인 피고인이 유무죄를 다투게 됩니다. 국가를 상대하는 만큼 피고인이 충분히 자신을 변호하고 자신의 주장을 펴 되도록 억울함이 없도록 하기 위해서는 법률전문가인 변호인의 도움이 필요합니다. 그래서 중한 처벌을 받을 수 있는 재판에 넘겨졌거나 피고인이 이미 구속됐는데 경제적인 이유로 변호인을 선임하지 못했다면 재판부가 직권으로 변호인을 선임해 줍니다. 국가가 선임해 준 이런 변호인을 국선변호인이라고 합니다.

그런데 70살이 넘은 피고인이 변호인을 선임하지 않으면 사건의 크기와 재산 정도를 따지지 않고 국선변호인을 선임해 줍니다.

혈액관리법

나이 때문에 할 수 없는 것도 있어요

70살 이상은 헌혈을 할 수 없습니다.

70살이 넘으면 좀 더 특별한 보호를 받는 대신 일부 행위는 제한 받기도 합니다. 헌혈이 대표적입니다. 70살이 넘으면 헌혈을 하고 싶어도 받아 주지 않습니다. 65살 이상 70살 미만 노인의 경우는 과거 헌혈을 한 경험이 있어야만 할 수 있고요.

이어 75살이 되면 운전할 때도 일부 제약을 받습니다. 운전면허증을 발급받으면 주기적으로 이를 갱신(새롭게 바꿈)해야 하는데 일반인은 10년에 1번씩 갱신하면 됩니다. 하지만 75살 이상은 3년에 1번씩 해야 합니다. 그 주기가 짧아진 거죠. 고령 운전자들이 내는 교통사고가 늘면서 되도록 이들이 운전하지 않게 유도하려고 비교적 최근 만들어진 규제 조항입니다. 일부 지자체에서는 고령 운전자가 운전면허증을 스스로 반납하면(운전을 더 이상 하지 않는다는 의미) 현금, 교통카드, 상품권 등을 주는 캠페인을 벌이기도 합니다.

법의 구조와 법조항 원문

우리나라 법의 구조

우리나라의 법은 크게 헌법, 법률, 시행령, 시행규칙, 조례 등으로 나눌 수 있습니다. 헌법은 법 가운데 최고 위치에 있습니다. 대한민국이라는 나라의 구성과 운영, 국민의 기본 권리와 의무 등을 담은 법 중의 법입니다. 흔히 우리가 법이라고 하는 건 법률을 가리킵니다. 이는 국회에서 만듭니다. 법률의 세부사항은 시행령(대통령령)에 담고, 시행령의 세부사항은 시행규칙(부령)에 담습니다. 시행령과 시행규칙은 행정부에서 만듭니다.

【 법의 구조 】

*출처 : 법제처(2023년 1월 기준)

시·도(광역단체)와 시·군·구(기초단체) 의회에서는 법령 테두리 안에서 조례를 제정할 수 있습니다. 또 행정기관의 장과 지자체장은 법령과 조례 범위 안에서 규칙을 만들 수 있습니다. 결국 헌법부터 규칙에 이르기까지 법은 서열이 있는 셈입니다. 아래에 있는 법은 상위법을 벗어나서는 안 됩니다. 이를 '상위법 우선의 원칙'이라고 합니다.

입법부 법률을 만듭니다.	**국회** 국민을 대표하는 국회의원들이 모여 법률을 만듭니다. **지방의회** 지방의회는 조례를 제정할 수 있는데, 조례는 해당 지자체 안에서만 효력이 있습니다.
행정부 법률을 집행합니다.	**정부(중앙정부)** 행정부는 국회가 제정한 법률에 따라 업무를 수행하고, 세부적인 절차를 시행령(대통령이 의결 제정)과 시행규칙(각부 장관이 제정)을 통해 정해 둘 수 있습니다. **지방자치단체(지방정부)** 서울시와 경기도 같은 광역자치단체, 경주시와 부여군 같은 기초자치단체를 아우르는 지자체는 법률과 조례의 범위 안에서 세부적인 내용을 담은 규칙을 제정할 수 있습니다.
사법부 법률에 따라 판단합니다.	**법원** 독립된 법관(판사)이 법률과 양심에 따라 재판을 진행합니다. 당사자가 1심 재판에 불복하면 항소해 2심 재판부(고등법원 또는 지방법원 항소부)에서 다시 판단을 받아볼 수 있고, 항소심 결과에 불복하면 3심 재판(대법원)까지 받아 볼 수 있습니다.

【 법률과 삼권분립 】

법조항 원문

1부 0살부터 14살까지

- **0살(+태아)**

  민법
  - 제3조(권리능력의 존속기간) 사람은 생존한 동안 권리와 의무의 주체가 된다.

- **2살(+6살)**

  항공법 시행규칙
  - 제126조(승객 및 승무원의 좌석 등)
    ① 법 제41조제2항에 따라 모든 항공기(무인항공기는 제외한다)에는 2세 이상의 승객과 모든 승무원을 위한 안전벨트가 달린 좌석(침대좌석을 포함한다)을 장착하여야 한다.

  여객자동차 운수사업법
  - 제8조(운임·요금의 신고 등)
    ⑥ 노선 여객자동차운송사업자는 여객이 동반하는 6세 미만인 어린이 1명은 운임이나 요금을 받지 아니하고 운송하여야 한다.

- **3살**

  유아교육법
  - 제24조(무상교육)
    ① 초등학교 취학직전 3년의 유아교육은 무상(無償)으로 실시하되, 무상의 내용 및 범위는 대통령령으로 정한다.

- **7살**

  초중등교육법
  - 제13조(취학 의무)
    ① 모든 국민은 보호하는 자녀 또는 아동이 6세가 된 날이 속하는 해의 다음 해 3월 1일에 그 자녀 또는 아동을 초등학교에 입학시켜야 하고, 초등학교를 졸업할 때까지 다니게 하여야 한다.

아동복지법 시행규칙
- 제24조 (시설 기준 등) 별표2
  1. 공통 시설기준
  다. 시설의 구조 및 설비
     2) 아동 30명 이상을 수용하는 시설은 다음의 설비를 갖추어야 한다.
     가) 거실
     ④ 7세 이상의 아동을 수용하는 거실은 남녀별로 설치하여야 한다.

- **9살**

청소년기본법
- 제3조(정의) 이 법에서 사용하는 용어의 뜻은 다음과 같다.
  1. "청소년"이란 9세 이상 24세 이하인 사람을 말한다. 다만, 다른 법률에서 청소년에 대한 적용을 다르게 할 필요가 있는 경우에는 따로 정할 수 있다.

- 제5조(청소년의 권리와 책임)
  ① 청소년의 기본적 인권은 청소년활동·청소년복지·청소년보호 등 청소년육성의 모든 영역에서 존중되어야 한다.
  ② 청소년은 인종·종교·성별·나이·학력·신체조건 등에 따른 어떠한 종류의 차별도 받지 아니한다.

- **14살**

형법
- 제9조(형사미성년자) 14세 되지 아니한 자의 행위는 벌하지 아니한다.

소년법
- 제4조(보호의 대상과 송치 및 통고)
  ① 다음 각 호의 어느 하나에 해당하는 소년은 소년부의 보호사건으로 심리한다.
     2. 형벌 법령에 저촉되는 행위를 한 10세 이상 14세 미만인 소년

 **15살부터 19살까지**

- **15살**

  근로기준법
  - 제64조(최저 연령과 취직인허증)
    ① 15세 미만인 사람(「초·중등교육법」에 따른 중학교에 재학 중인 18세 미만인 사람을 포함한다)은 근로자로 사용하지 못한다. 다만, 대통령령으로 정하는 기준에 따라 고용노동부장관이 발급한 취직인허증(就職認許證)을 지닌 사람은 근로자로 사용할 수 있다.
    ② 제1항의 취직인허증은 본인의 신청에 따라 의무교육에 지장이 없는 경우에는 직종(職種)을 지정하여서만 발행할 수 있다.

- **16살**

  민사소송법
  - 제322조(선서무능력) 다음 각 호 가운데 어느 하나에 해당하는 사람을 증인으로 신문할 때에는 선서를 시키지 못한다.
    1. 16세 미만인 사람

  형사소송법
  - 제159조(선서 무능력) 증인이 다음 각 호의 1에 해당한 때에는 선서하게 하지 아니하고 신문하여야 한다.
    1. 16세 미만의 자

  장기 등 이식에 관한 법률 시행규칙
  - 제7조(장기 등 기증희망자 등록 신청) 장기 등 기증희망자로 등록하려는 사람은 '장기 등 및 조직 기증희망자 등록신청서(전자문서로 된 신청서를 포함한다)'에 다음 각 호의 서류를 첨부하여 등록기관에 제출해야 한다.
    1. 신청인이 16세 미만인 경우: 기증에 동의하는 사람이 법정대리인임을 확인할 수 있는 서류

  정당법
  - 제22조(발기인 및 당원의 자격)

① 16세 이상의 국민은 공무원 그 밖에 그 신분을 이유로 정당가입이나 정치활동을 금지하는 다른 법령의 규정에 불구하고 누구든지 정당의 발기인 및 당원이 될 수 있다.

- **17살**

주민등록법
- 제24조(주민등록증의 발급 등)
  ① 시장·군수 또는 구청장은 관할 구역에 주민등록이 된 자 중 17세 이상인 자에 대하여 주민등록증을 발급한다.

민법
- 제1061조(유언적령) 17세에 달하지 못한 자는 유언을 하지 못한다.

- **18살**

민법
- 제807조(혼인적령) 18세가 된 사람은 혼인할 수 있다.
- 제808조(동의가 필요한 혼인)
  ① 미성년자가 혼인을 하는 경우에는 부모의 동의를 받아야 하며, 부모 중 한쪽이 동의권을 행사할 수 없을 때에는 다른 한쪽의 동의를 받아야 한다.

병역법
- 제20조(현역병의 모집)
  ① 병무청장이나 각 군 참모총장은 18세 이상으로서 군에 복무할 것을 지원한 사람에 대하여 대통령령으로 정하는 바에 따라 병무청장이나 각 군 참모총장이 실시하는 신체검사를 거쳐 육군·해군 또는 공군의 현역병으로 선발할 수 있다. 이 경우 병무청장은 각 군 참모총장과 협의하여 체력검사·면접·필기·실기 등의 전형을 실시할 수 있다.

공직선거법
- 제15조(선거권)
  ① 18세 이상의 국민은 대통령 및 국회의원의 선거권이 있다.
  ② 18세 이상으로서 제37조제1항에 따른 선거인명부작성기준일 현재 다음 각 호의 어느 하나에 해당하는 사람은 그 구역에서 선거하는 지방자치단체의 의회의원 및 장의 선거권이 있다.

공무원임용시험령 제16조(응시연령)
① 공무원의 채용시험에 응시하려는 사람은 최종시험예정일이 속한 연도에 18세 이상이어야 한다. 다만, 교정·보호 직렬 공무원의 채용시험에 응시하려는 사람은 최종시험예정일이 속한 연도에 20세 이상이어야 한다.
1. 7급 이상: 20세 이상
2. 8급 이하: 18세(교정·보호 직렬은 20세) 이상

국민연금법
- 제6조(가입 대상) 국내에 거주하는 국민으로서 18세 이상 60세 미만인 자는 국민연금 가입대상이 된다.

- **19살**

민법
- 제4조(성년) 사람은 19세로 성년에 이르게 된다

병역법
- 제11조(병역판정검사)
① 병역의무자는 19세가 되는 해에 병역을 감당할 수 있는지를 판정받기 위하여 지방병무청장이 지정하는 일시·장소에서 병역판정검사를 받아야 한다.

20살 이후

- **20살**

국민의 형사재판 참여에 관한 법률
- 제16조(배심원의 자격) 배심원은 만 20세 이상의 대한민국 국민 중에서 이 법으로 정하는 바에 따라 선정된다.

- **40살**

공직선거법
- 제16조(피선거권)
① 선거일 현재 5년 이상 국내에 거주하고 있는 40세 이상의 국민은 대통령의 피선거

권이 있다.

- 60살
  고용상 연령차별금지 및 고령자고용촉진에 관한 법률
  - 제19조(정년)
    ① 사업주는 근로자의 정년을 60세 이상으로 정하여야 한다.
    ② 사업주가 제1항에도 불구하고 근로자의 정년을 60세 미만으로 정한 경우에는 정년을 60세로 정한 것으로 본다.

- 65살
  노인복지법
  - 제26조(경로우대)
    ① 국가 또는 지방자치단체는 65세 이상의 자에 대하여 대통령령이 정하는 바에 의하여 국가 또는 지방자치단체의 수송시설 및 고궁·능원·박물관·공원 등의 공공시설을 무료로 또는 그 이용요금을 할인하여 이용하게 할 수 있다.
    ② 국가 또는 지방자치단체는 노인의 일상생활에 관련된 사업을 경영하는 자에게 65세 이상의 자에 대하여 그 이용요금을 할인하여 주도록 권유할 수 있다.

- 70살
  형사소송법
  - 제33조(국선변호인)
    ① 다음 각 호의 어느 하나에 해당하는 경우에 변호인이 없는 때에는 법원은 직권으로 변호인을 선정하여야 한다.
    3. 피고인이 70세 이상인 때

  혈액관리법 시행규칙
  - 제2조의2(채혈금지대상자) 별표1의2
    Ⅱ. 개별기준
      채혈의 종류 기준
        1. 70세 이상인 자

*일러두기

이 책에 나오는 나이는 만 나이와 연 나이입니다. 대부분 만 나이이나, 3살 무상교육이 시작되는 나이, 7살 학교에 입학하는 나이는 연 나이입니다. 만 나이는 출생한 생년월일을 시작으로 1년이 지날 때마다 한 살씩 늘어나는 계산법으로, 같은 해에 태어나 함께 학교에 입학해 같은 학년이라도 그해 생일이 지났느냐에 따라 한 살 차이가 날 수도 있습니다. 연 나이는 태어난 해 0살에서 시작해 해가 바뀌면 한 살씩 늘어 가는 계산법입니다. 1월생이나 12월생이나 해가 바뀌면 나란히 한 살씩 더해집니다.

나이에 따른 법적 권리와 의무

2023년 1월 30일 1판 1쇄
2024년 2월 15일 1판 2쇄

글쓴이 이순혁 | **그린이** 송진욱
편집 최일주, 이혜정, 김인혜 | **디자인** 정수연
제작 박흥기 | **마케팅** 이병규, 양현범, 이장열, 강효원 | **홍보** 조민희 | **인쇄** 코리아피앤피 | **제책** J&D바인텍

펴낸이 강맑실 | **펴낸곳** (주)사계절출판사 | **등록** 제406-2003-034호
주소 (우)10881 경기도 파주시 회동길 252
전화 031)955-8588, 8558 | **전송** 마케팅부 031)955-8595, 편집부 031)955-8596
홈페이지 www.sakyejul.net | **전자우편** skj@sakyejul.com | **블로그** blog.naver.com/skjmail
페이스북 facebook.com/sakyejulkid | **인스타그램** instagram.com/sakyejulkid

ⓒ 이순혁, 송진욱 2023

값은 뒤표지에 적혀 있습니다. 잘못 만든 책은 구입하신 서점에서 바꾸어 드립니다.
사계절출판사는 성장의 의미를 생각합니다. 사계절출판사는 독자 여러분의 의견에 늘 귀 기울이고 있습니다.
이 책은 저작권법에 따라 보호받는 저작물이므로 무단 전재와 복제를 금합니다.

ISBN 979-11-6981-118-7 73360
ISBN 978-89-5828-770-4(세트)